探さない収納

石黒智子

JN150329

PHP文庫

はじめに

どこに置いても、置き場所を変えても、すぐに思い出せるのは、多少の個人差はあるにせよ、40代までです。50代に入ると無理。棚を変えただけでも、忘れてしまうし、捨てたことを忘れて、探し回ることさえあります。数の合わない食器が、割れたのか、捨てたのか、どこかへ移したのか……思い出せない。

細かなものを抽き出しに大雑把に入れておいても、40代までは大丈夫。ちゃんと覚えています。50代になったら、抽き出しを仕切りなどで小分けしないとダメ。なにせ、仕舞ったのか、捨てたのかおぼつかないのですからね。

笑いごとではありませんよ。

1日中探しもの、という日がやってきます。

そして60代になると、どうなるか…………探している最中に忘れます。「あら、なにを探していたのかしら」それが必要だった場所に戻ると、たいがい思い出すのですが、そのうち、翌日になっても思い出せなくなります。

そうなると、もう、暮らしが成り立たない。何事もすぐに諦める日々をため息をつきながらやり過ごすことになります。

「60代に捨てるものは、毎日の生活ゴミ、壊れて修復できないもの、買い替えるもの、重くて持てなくなったものだけになるように」と、固く心に誓って40代から50代に、急がず10年をかけて、ゆっくりゆっくりやり直し。

1日雨降りで買い出しに行かない日、強風で洗濯も窓拭きもしない日、そんな日は、録画した懐かしい映画を横目で観ながら、ファイルの整理をします。

不要なものはない、と思っていても、ひとつやふたつは捨てるものが出てきます。なぜこんなものがここに入っているのだろう、と笑うこともあります。

捨てたと諦めていたものが出てきたりもしますが、なくても暮らしてきたのだから、と自分に言い聞かせて、捨てました。


「あるべきものをあるべきところに置く」というのが探さない収納の鉄則です。玄関にあるべきものは玄関、台所で使うものは台所に置きます。

自分だけがわかる収納ではなく、家族みんながわかるように。

「あるべきもの」を探すとき「あるべきところ」を探せば出てくるように。


いつものように食材の買い出しに出て、帰宅したら11時半を過ぎていました。

少し前までは11時には戻って12時の昼食には充分な時間があったのです。でも今は、歩くにも、買い物にも時間がかかるようになったということです。1時間でできたことが1時間半、ときには2時間もかかります。

人との待ち合わせは前よりも時間の余裕をもって早めに出るようになりました。

年をとると1日はどんどん短くなります。

60代を楽しして生きるためには、探しものなどしていられませんよ。探しものをする時間はもったいない。

10年間の姑の自宅介護が終わって10年が経ちました。老後の暮らしを考えるよい経験になったと振り返られるようになったのはつい最近です。この本で

DELICATESSEN
PARK HYATT TOKYO
NO FRAGRANCE
THE WET

日用品は近所のコンビニやネットスーパーで。食材の買い出しは駅前のスーパー3軒をぐるりと回ります。トートバッグは混み合う店内でもぶつからないようにマチなしを手作り。28㎝×20㎝の生成りシーチングに持ち手は牛革。必要な現金はがま口に入れて、エコバッグ、カードケース、電卓、鉛筆、ウェットタオル、老眼鏡。

は、そんなこともあれこれ綴りました。
40代の読者にはまだまだ先のことかもしれませんが、私の経験が後になって腑に落ちるかもしれません。介護真っただ中の読者には励みにしていただきたいと願っています。

２０１６年10月

石黒智子

探さない収納　目次

玄関

ビューティフル・ウィンドウズ運動とは、街を美化することで人々のマナーが向上し、ひいては犯罪の減少に繋がっていくという社会運動のひとつです。

私がビューティフル・ウィンドウズ運動として自分に課してきたことのひとつが「玄関先に傘立てを置かない」ことです。

晴れた日の玄関先に置かれた雨傘を挿した傘立てほど見苦しい光景はない、と30代の私は思ったのです。

そこで、家を建てたとき、軒下の雨のあたらないところに傘を立てかけられるように考えました。雨が上がったらデッキに傘を広げ、乾いたら、納戸の中に仕舞います。日傘も雨傘も旅行用のコンパクト傘も、すべて納戸の中です。

玄関先に置くのは植物。料理に使うローズマリー、タイム、バジルなどのキッチンハーブと多肉植物の鉢植えとエアプランツのスパニッシュモスを吊るしています。スパニッシュモスはどんどん増えるので、来客で欲しい人には帰り際に差し上げます。

吊るすためのワイヤーとマグネットフック（家電製品が壊れたときに分解して取り出した強力磁石を中に入れたリップクリームのチューブ）は手作りです。ホームセンターに行けば、たくさんのフックが売られているのですが、イメージとぴったりのものが見つけられず、いつしか身の周りにあるもので作るようになりました。

傘立てを置きたくなかったから、傘が立てかけられるようにチークの手摺りを作りました。軒下なので濡れることはありません。来客が忘れないのがいい。雨上がりに開いてデッキに干し、納戸の中へ仕舞います。傘立てがないだけで玄関はスッキリ。

最初に作ったのがゼムクリップを折り曲げたフック。ひとつ作ると、次々に作れるようになります。ボビン、洗濯バサミ、壊れたコーヒーミルのハンドル、メジャーケースでも作りました。ビスと磁石は壊れた家電を分解したときに取り出したものです。フックが手作りできると、吊るす収納が簡単です。探さない収納の基本は吊るす。

家を建てるとき、敷地の関係で玄関は東向きか南向きかで迷ったのですが、決められなかったので、どちらからでも出入りができ、外から鍵のかかるように造りました。靴箱やコートかけなど、玄関に必要なものは暮らしながらおいおい考えればいいのです。

古くなって使いにくくなったステンレスピンチでフックを作りました。ニッパーでゆっくり広げながら開き具合を調整します。キッチンツールなど小さく軽いものを吊るすにはとても便利です。

南向きのドアの上に防犯カメラを取り付けることになったとき、ドアの開閉で画像がぶれることがわかり、それからは東向きのドアが玄関になりました。東向きのドアから入ると床以外すべてガラスのサンルームです。広さは8㎡。ガラスの屋根は必要に応じて開閉します。サンルームの先の南側に16㎡のデッキが続きます。

玄関に幅146㎝、奥行41㎝、高さ77㎝のコンソールテーブルを置きました。天板は1枚板ではなく、幅10㎝、厚さ3㎝の板を14枚並べ、重い板なので滑り落ちると危ない両サイドを含めた8枚は両面テープでしっかり貼り合わせました。それ以外は置いただけで、収納の蓋になっています。

板を持ち上げると中にはドアストッパー、靴磨きセット、蚊遣りと蚊取り線香のストック、デッキ寄りには洗濯バサミ、多肉植物の水やりに使うスポイトボトルなど、ここにあるべきものが入っています。

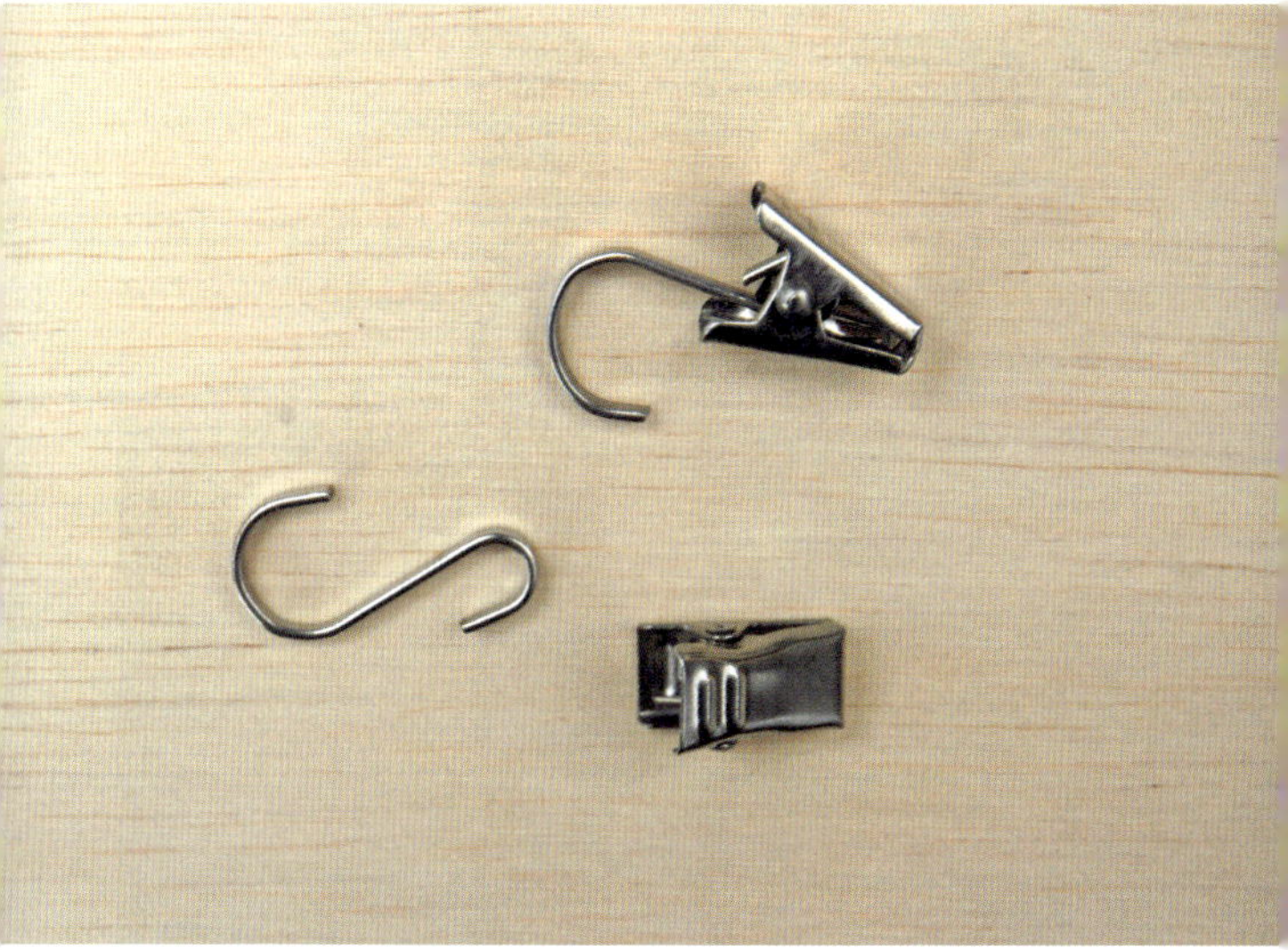

イケアで買ったRIKTIG［カーテンフック クリップつき］は24個入りで399円（2016年10月価格）。カフェカーテンにも使いましたが、クリップからフックを外すとそれぞれに使えます。基本的にフックは身の周りにあるもので手作りします。

玄関を開けてすぐに2台のテーブル。1台はコーヒーを飲みながら本を読んだり、ピンポン台にも。ダイニングテーブルと同じ高さの68㎝なので5人以上の来客時にはダイニングテーブルとして並べます。抽き出しの中はプレースマット、ペーパーナプキン、キッチンツールのストック、来客用カトラリーを収納。もう1台はコンソールテーブル。ペンダントライトはスタンドライトをリメイク。

玄関

WEST-VL.

コンソールテーブルの天板は幅 10 ㎝の板を 14 枚並べたもので 8 枚は両面テープで固定し、2 枚ずつ 3 カ所、6 枚は持ち上げることができます。

デザインを考えて幅8・5㎝、長さ146㎝の横板を天板の上に渡しました。ビスや釘を打つのは難しいので乗せてあるだけです。この板の比重は水と同じ1です。木としてはとても重いので簡単にはズレません。自分で作るものは自分の能力でできる方法を考えます。天板の下を収納にしようと考えたのは、私の能力ではビスも釘も打てなかったから。でも乗せるだけなら簡単です。

宅配便を受け取るときのサイン用のボールペン。8Bの鉛筆と色鉛筆は庭の植栽計画を立てるときに使います。アンティークルレットは紙にミシン目を入れるための道具です。古紙回収の紙束を縛る紙紐とハサミ、輪ゴムやクリップを入れた小瓶は靴クリームの空き瓶です。蓋の内側に磁石を貼り付けました。クリップを床に落としたときに目と磁石の両方で探せます。

普段は部屋を飾ることがなく、読み終えた新聞や雑誌も納戸へ片付け、こざっぱりと暮らしたいのですが、玄関は来客を迎える場所です。

コンソールテーブルの下に収納する蚊取り線香と蚊遣り。ひと夏分がちょうど入ります。蚊遣りといっしょに収納するので家族がわかりやすい。翌年気持ちよく使い始められるように、蚊遣りは新品に交換して。

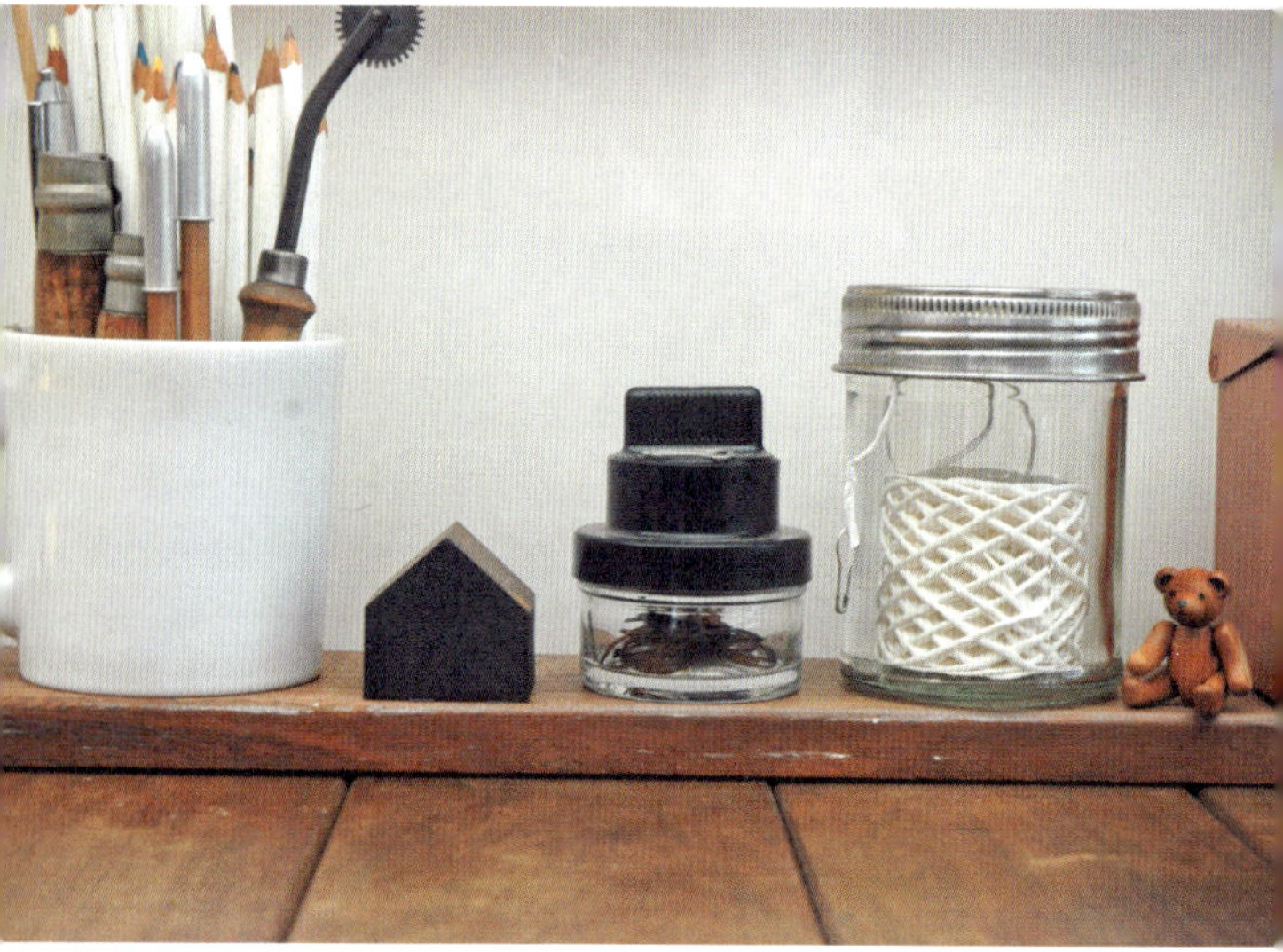

欠けて使えなくなったマグカップに宅配便のサイン用ボールペン、鉛筆と鉛筆を削るナイフ、紙にミシン目を入れるルレット。靴クリームの空き瓶には輪ゴムやクリップ。ジャムの空き瓶には荷造り紐。紐の先が外に出るように一回り大きな瓶の蓋を被せました。

コンソールテーブルの天板の下に収納した靴磨き一式。横に新聞紙を敷いて立ったままで靴の手入れができます。終わったら2枚の板を戻すだけ。家族にだけわかる収納の一例として。

来客の日は、庭の花を切って活けます。「私達はあなたを歓迎しています」と伝えたいから。

それに加えてもうひとつ、その人が興味を抱きそうな小物を置きます。植物が好きな人には温室から花の咲いている鉢植えをいくつか運び入れ、アネモネなどめずらしい種を置いたりします。

雑貨好きな人には「これどこで買ったの？」と聞きたくなるものを納戸の中から出して並べます。工作好きには最新作を目につく場所に。夜なら星座好きのために天体望遠鏡を出しておきます。

家は家族だけのものではない、というのが我が家のライフスタイルです。

来客へのおもてなしでもあるけれど、家族も模様替えを楽しみます。

なにかに使えるからと捨てないクッキー缶やジャム瓶、なにかを作ろうと捨

夫が花粉症なので普段は花を飾りません。来客を予定している日は朝早く庭の花を切って飾ります。おもてなしの心遣いでもあるけれど花を飾る楽しみを忘れないために。この日はビオラとペンタスとアイビー。花器は蓋が割れて使えなくなったシュガーポット。

てない家電の部品が、模様替えをしているうちに、「これはもういらないなぁ」と思えてきます。部屋の模様替えが見切りどきを教えてくれるのです。小さいものだけではありません。ジャマな家具も捨てられます。

コンソールテーブルの下には、ガラス屋根を開けるときに、ビスを外すために使う踏み台。ドイツの室内園芸用土セラミスグラニューと化学肥料のハイポネックスなど園芸用品、ガラス磨き用のマイクロファイバークロス、床拭き用のリネンクロスを入れた工具箱を置きました。

この工具箱は、もとは電動工具が入っていたものです。古くなって壊れたときに、へこみやポツポツと浮いた錆の味わいある佇まいが捨て難く、箱だけ残しました。しばらくは収納ボックスとして使いたいです。

ご近所さんから多肉植物のデザートローズ（砂漠のバラ）を分けていただいたので素焼きのウォールプランツポット（壁かけタイプ素焼きの植木鉢）に植えて東の窓に吊るしました。室内園芸用土のセラミスグラニューは軽い上に水持ちがよく、多肉植物に向いています。

デザートローズの水やりは夏でも３週間に１回。目安は葉がぐったりして萎れそうになってから。水やりの１時間後にはピンともとに戻ります。秋から春までは紅葉も楽しめます。生活の価値観は家族だけではなく周りとの付き合いの中から築いてきたように思います。

プランツポットの付属品だったツールバーにハサミなど鉢植えの手入れに必要なこまごましたものを吊るしました。園芸用ツールなど外へ持ち出すことのある道具は、ごちゃごちゃするようでも、常に見えるところに置きます。庭に

コンソールテーブルの下が定位置の踏み台。海外映画の図書館のシーンで見てからずっと欲しかった。もうひとつは使わない工具箱。掃除用のクロスや園芸用土などをまとめて入れました。蓋をすれば見えません。

うっかり置き忘れても、すぐに気がつくように。道具は吊るせるものを選びましたが、鉛筆のように吊るせないものでも工夫次第。壊れた目覚まし時計の長針を差し込みました。

コンソールテーブルの近くに、朝刊を広げて読むためのテーブルを置きました。来客時にはダイニングテーブルと繋げて使えるように同じ高さ68㎝で、椅子はダイニングチェアです。ミシンやアイロン台としても使うので、テーブルの上にはなにも置きません。

日の短い季節のために買ったテーブルライトが、全然似合わなかったから、分解してペンダントライトに作り替えました。

毎年桜が咲くころにサンルームと居間を仕切っているガラス戸を外します。

日の出が早くなるので新聞を読むためのペンダントライトももう必要がない。11月までは外して納戸へ収納。テーブルにはキャスターがついているので、夏には涼しい場所に移動させます。

朝は西側で夕方からは東側。

じつはこのテーブルは部屋を広く使いたいとき、工作台の下に収まるように寸法を決めたのですが、もうひとつ考えていたのがピンポン台でした。縦90cm、横124cm。ネットとラケットと球があればすぐに遊べます。毎年お花見の前に探していたのですが、気に入るデザインに出合えたのは2016年です。umbra PONGO PORTABLE PINGPONG（アンブラ ポンゴ ポータブルピンポンセット）ラケットのサーフブルーがきれいです。ネットと球が支柱に、ラケットの把手がラケット内に収納でき、コンパクトに重ねて収納

朝新聞を広げるテーブル。アイロン台やミシン台としても使います。大勢の来客にはダイニングテーブルと繋げられるように高さを同じにしました。ピンポン台としても使います。

できます。アマゾンにて4、757円（消費税込み、送料無料　2016年8月2日の価格）。

欲しいと思ったものは、すぐに手帖に書き留めます。今は世界中から商品を探せる時代ですから、買い急ぎません。デザインが気に入り、価格に納得できるものに出合うまでゆっくり探します。

もっとも、9割は調べていくうちに飽きます。欲しくなくなってしまうのです。パソコンに向かって「コストパフォーマンスが悪い！」「もっとシンプルに！」「色がダメね！」と言いたい放題。

逆もありで、ベッドスロー（ベッドメーキングをしたあと足元部分にかけ渡す細長い布）を探していて、フランスのウェブショップでリネンのバスマットを見つけました。ほかにも、園芸用のツールを探していて、ドイツ製の蠅たたきを輸入販売しているジェネラル ビュー（GENERAL VIEW）を見つけました。

今一番好きなウェブショップです。

抽き出しの中のひとつにドイツ・ベルナーの「コンビおろし器」と「しりしりスライサー」のストックが入っています。ほかの調理道具はストックを持たないのですが、このふたつだけはこれ以上のものは絶対にないと確信しているから一生使いたい。我が家の使用頻度ではどちらも5年ごとに交換。ストックは2個ずつです。

40代では台所道具のストックを持つなど考えませんでした。今使っているものが、どんなによくても、それが使えなくなるころには、もっと優れた商品が作られるだろう、と思っていました。

40代に10年後の暮らしは想像できませんでした。60代になると、これから

左、中央は、来客用のカトラリー、右はナプキン。

本国ドイツで廃番になってしまった「コンビおろし器」と「しりしりスライサー」は2つずつストック。アエロラッテシェフも廃番と聞いたのでストックを購入。

先どんなに社会が変わろうと、使い慣れた道具で食べ慣れた料理を作っていくのだろうと思えるのです。

我が家の料理にこのふたつの道具は欠かせません。

「コンビおろし器」は普通の大根おろしと鬼おろしの両面使いです。「しりしりスライサー」はジャガイモのガレットやひじきの炒め煮のニンジンを切るときにも使います。同じ厚みになるので仕上がりがきれいです。

ほかの抽き出しは来客用のカトラリー、茶道具、プレースマット、ナプキン。

コートかけは細いステンレスワイヤーロープの先に墨色の麻布をソフトボール大にグルグル巻きにして吊るしました。見ようによってはオブジェのように見えます。

どんなデザインのコートでも形が崩れず、しかも滑り落ちません。外から帰ったら、ヒョイと引っかけておきます。クローゼットに戻すのはブラシをあててホコリを落としてから。

もうひとつはＩＫＥＡのボビンで手づくりした強力磁石つきのフックです。鉄骨のどこにでもがっちり貼りついて、５kgまでならびくともせず、幅が３・３cmと広いので、革の持ち手が変形しません。

夏場は革の持ち手が汗で湿ってしまうのですが、このフックに吊るすと乾きやすい。しっかり湿気を取り除いてから納戸へ仕舞います。

シーチングのトートバッグは持ち手が３cmぐらいの幅で重いものを持ち歩くと皺になるのですが、このフックに吊るすともとに戻ります。

我が家に、靴箱はまだありません。どうすれば上手く収納できるか思いつかないまま34年が経ちました。なくても困らないのは靴が少ないからですね。

玄関の鉢植えの剪定は影を見ながら。影を楽しむために季節ごとに鉢の位置も変えます。

持ち物の多い外出時に持つトートバッグは玄関の柱にかけて用意。帰宅時には持ち手の湿気を取るために、しばらく吊るしておきます。砂時計は紅茶を入れるときに使います。テーブルからも台所からもちょうどの距離です。

台所

誰もが使いやすい台所にしたいと考えてきました。

雑誌の取材では「収納が苦手。でも、なんとかしたい、と思うのなら1年かけて冷蔵庫と向き合えば身につきます」と言い続けてきました。今でもそう思っています。片付けと収納は習慣だから訓練で会得できます。

冷蔵庫管理は毎日のことです。冷蔵庫に入れるものは、買ったものや手作りのものだけではありません。お中元やお歳暮で冷蔵品や冷凍品が届くこともあります。我が家にはいただきもののために大きな冷蔵庫を置く経済力とスペースがありません。

冷蔵庫は幅60㎝から選びます。2005年に日立が真空断熱材を使って容量400リットル（それまでは360リットル）を出したときに25年使ってきたドイツ製から買い替えました。5ドアで真ん中が88リットルの野菜室、デザイン、消費電力、すべてにおいてこれ以上の冷蔵庫はありません。

普段の生活では冷蔵室に乾物や糠漬けを入れても、野菜室に5㎏の米を入れても、冷凍庫に買い置きの糠1㎏を入れても充分に余裕があります。でもお中元で冷蔵品が届いたら糠漬けと乾物を出します。トウモロコシが届いたら、野菜室の米櫃を出します。冷凍の海産物が届いたら買い置きの糠を出します。

冷蔵室の収納には無印良品の「ポリプロピレンメイクボックス」を3個使っています。半透明で中身が見やすく、冷気の流れを阻まず、取り出しやすい。

小袋の使いかけはボストンクリップ留め。ナツメグ、シナモン、五香粉、パプリカ、ガラムマサラ、クミン、オレガノ、鷹の爪などはドアポケットの収納ポケットに合わせたボトルに揃え、それでは小さ過ぎるマスタード、タンドリーチキンパウダー、カレー粉は、それぞれの量にあったガラス瓶に入れました。

水と炭酸水のペットボトルのキャップには開けやすいように、それぞれにオープナーを被せます。開けるときにも楽ですが、きちっと閉まるのが便利です。

糠漬けは1年中冷蔵室で漬けます。温度が一定なので漬かり過ぎがありません。

冷蔵庫の糠漬けは冷たいのでヘラでかき混ぜます。中央を富士山のように高くすると縁に水が溜るので、水抜き容器は不要です。漬けるときにティッシュ

上段左は糠漬け。1年中冷蔵庫の中なので漬かり過ぎることがありません。中央はスタンドミキサーでこねたハンバーグ。時間の空いたときに作ってボウルごと入れておきます。右はマカダミアナッツ。中段左はバターとチーズ。中央は塩レモン。右は乾物。下段は常備菜。保存容器は透明、半透明、白を使用。

ペーパーで周囲をぐるりと拭けば吸い込んでくれます。容器はストーンウェアの円柱形のサラダボウルに皿で蓋をしました。ヘラでかき混ぜやすく、重心が安定しているから冷蔵庫の上段からでも取り出しやすい。キュウリとニンジンは半分に切って漬けます。ミョウガ、ナス、カブは丸ごと。

エアコンがないので夏は暑いため、コーヒー豆と緑茶も冷蔵です。

野菜室には5kgの米櫃と無印良品の「ポリプロピレンメイクボックス」2個にジャガイモやタマネギ。ドイツ「TGーの1リットルビーカー」にはニンジンやナスを立てます。鰹節と煮干しも野菜室です。

冷凍室は開封前のバターと海苔。抹茶、サンショウとワサビの小袋はnutella（ヌテラ）の空きボトルに入れて。干し野菜、パン粉も冷凍。

冷蔵庫の収納がスムーズにできるようになれば、ほかは簡単です。缶詰と瓶詰めは調味料を並べたワゴンに収納します。家族にも在庫がわかりやすい。乾物はワイヤーバスケットひとつ分。ストックが少なくなったことに気がついたら、次の買い出しに出る家族に伝えるため、冷蔵庫の側面にマグネットで留めたメモ用紙に書きます。冷蔵庫の側面は放熱板なので、妨げにならないように夏は小さな紙。

誰もが使える台所道具を選んできました。家電は単機能が一番。電子レンジはタイマーを合わせるだけです。オーブングリルはキープウォーマー、グリル、温度設定がひとつのダイヤルを回すだけ。こだわったのはセルフクリーニング機能です。庫内に飛び散ったソースやチーズがパラリと剥がれ落ちます。コーヒーミル、ブレンダーもスイッチはひとつ。スロークッカーはタイマーセ

トレイの肉やホームフリージングは1週間を目安に食べ切るようにしています。黄色の蓋はパン粉。一番下には糠漬け用の糠。お中元やお歳暮で冷凍品が届いたらパン粉と糠は外へ出します。

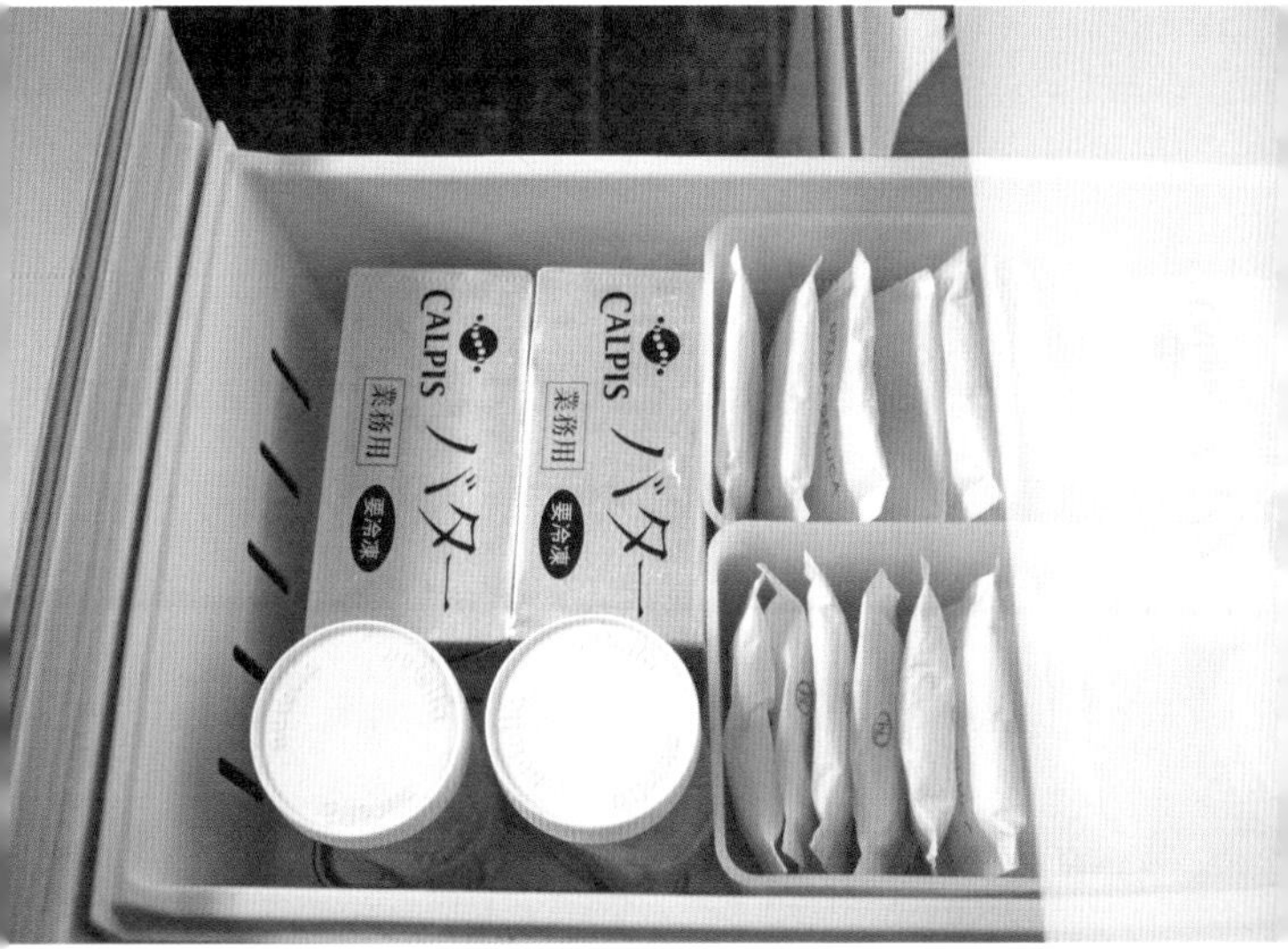

冷蔵庫は上が冷蔵室、中段が野菜室、下段が冷凍室の400リットル。冷凍室のひとつにはヌテラ（イタリアのヘーゼルナッツ・ココアスプレッド）の容器に小袋のサンショウとワサビ。冷凍で買うカルピスバター、ディーンアンドデルーカの保冷剤。

冷蔵庫のドアポケットについていた卵トレイを外して無印良品のポリプロピレンメイクボックスに合わせてカットしました。卵を使うときはケースごと出して、生で使うときは新鮮卵、ゆで卵は殻が剥けやすい古い卵と、使い分けます。乾物は口をボストンクリップで留めます。ケースごと取り出すので、足りなくなっているものを確認したり、賞味期限のチェックも簡単。

冷蔵庫に常時保存するための容器は2個ずつ並べます。ひとつを取り出して戻すときに、同じ容器の隣に置くように。冷凍室のサンショウとワサビはヌテラの小サイズ。野菜室のショウガとニンニク（常温のときもある）はヌテラの大サイズ。野菜室のペットボトル置き場には1リットルのビーカーを置いて、立てて置きたい野菜を入れます。冷蔵室の上段はマカダミアナッツとカレー粉。中段の手作り塩レモンも2個。誰もが使いやすいように。

塩、砂糖、小麦粉、コーンスターチなど料理に使う粉ものはガラスの密閉容器に入れました。塩は電子レンジで湿気を飛ばしてすり鉢でさらさらにすると1kgは入ります。砂糖は500gずつふたつに分けて入れます。密閉容器は湿気も乾燥も防ぐので、塩（湿気で固まる）も砂糖（乾燥で固まる）も塊にならない。それぞれにプラスチックのメジャースプーンを入れました。塩は間違えると大変なことになるので黒。ほかは半透明。

調味料はストックがなくなったら、香辛料は1/3以下になったら、冷蔵庫の側面に留めたメモ用紙に書き出します。冷蔵庫の側面は放熱板なので、触って熱いところは避けます。ドアから離れたところがいいです。息子が使っていた鉛筆のお尻に家電を分解したときに出た部品を差し込みました。磁石で冷蔵庫にくっつけます。磁石も家電の部品だったもの。

ットだけで、調理後は自動で保温に切り替わります。

家電を同時使用してもブレーカーが落ちないように配置しました。

電子レンジ（出力600Wのインバータ）とオーブングリルの消費電力はそれぞれ1000Wです。コンセントを共有するためには、消費電力の合計が1500W以下でなければならないので計算が楽。

電子レンジの横に置いて、同時使用するスタンドミキサーとブレンダーは、どちらも500W以下で選びました。オーブングリルと同時使用のスロークッカーはガス火で沸騰させてから電気で調理するタイプで、最大消費電力が180Wで保温が60W。W数を忘れても安心して使えます。コンセントを共有するオーブングリルの下に収納しました。

消費電力の大きなハイパワー家電製品が必ずしも効率よく使えるとは限りま

台所道具はデザインで選んできました。高性能だけでは買わない。高性能を売りにするなら、デザインにも力を入れてほしい。特に毎日使う家電は出したままにしておきたいから、台所全体の質感や色のバランスも考えて決めます。1992年に買って何度も自分で修理しながら使っているオーブングリルに似合うコーヒーミルを2016年に購入。

電子レンジとコンセントを共有するブレンダーは250W。スタンドミキサーはアメリカ製 120V 250W。3 台同時使用可能です。電子レンジとオーブングリルの場所は変えません。ほかの家電は移動させても大丈夫。

せん。

電気をどう使っていくかは、お金を支払えばよい、という個人の経済意識ではなくなりました。すべての人が関わる地球の環境問題です。

我が家の契約電力は40A。台所で使えるのは30Aまでです。電気を効率よく使うために、炊飯とトーストはガス。コーヒーはハンドドリップです。

我が家の台所には冷蔵冷凍の保存容器を収納するスペースがありません。カップボードの中にある耐熱ガラス蓋とストーンウェアの食器で代用します。電子レンジとオーブン調理可能。そのまま食卓に出します。もちろん冷蔵、冷凍保存ができ、冷凍のまま電子レンジで解凍できます。

さらにカップボードに並べたときに蓋がホコリよけになります。これは、先に耐熱ガラス蓋を買って、いつも持ち歩いて見つけました。私はなにをするにも急ぎません。気に入ったものを必要数揃えるのに数年かかりましたが、おかげで佃煮、鯛の田麸、ジャムも電子レンジで作れます。出来上がって粗熱が取れたら冷蔵庫に保存。調理に洗いものが出ません。

貝印の商品開発に関わっているときに、商品化できないかと相談をしたのですが、電子レンジとオーブン（耐熱３００℃）と冷凍（-20℃）に対応する磁器に耐熱ガラス蓋をつけるのは今の技術ではとても難しく、値段が高くなってしまうということでした。

ホコリよけにワイングラスにはヨーグルトの蓋、ガラスのコーヒーカップにはポテトチップスの蓋がぴったりでした。ワイングラスが足りなくなって買い足したときは、使わないステンレスコースターで蓋にできるサイズを探しました。

電子レンジとオーブングリル対応の耐熱ガラス蓋は12、14、16、18、20㎝。調理後そのままテーブルに出します。冷蔵、冷凍保存容器としても使います。一体成型なので、洗いやすい。

1992年購入のオーブングリルのデザインに合わせて2016年にアメリカのアマゾンで購入したキッチンエイドの家庭用電動コーヒーミル。１週間で届きました。

小さなグラスにはチーク材の蓋を手作りして薬味入れに、メジャーカップにもチークの蓋をつけてドレッシングやソース入れに。蓋をつけたら用途が広がりました。

カップボードの下の収納は家の中で最も変化してきた場所です。子どもの成長や私達夫婦の献立の変化で道具は随分変わりました。

左上の抽き出しは4種類のお茶の缶、ボックスティッシュ、保存袋、紙紐、クリップ、輪ゴム、ビニタイ、箸置き、カトラリーレスト、串、ピック、おしぼりトレイ、キッチンスケール、など、必要な小物のすべてを収納していきます。

暮らしが変わると使うものも変わります。それに合わせて取り出しやすいように仕切りを変えたり、箱を作ったりと、工夫を凝らしてきました。

例えば、保存袋はサイズの範囲を決めてメジャーに印をつけておき、お店の商品が入れ替わったときにはメジャーをあてて確認します。小さなことですが、５㎜大きいだけで入らなくなります。

布巾は折りたたんだときにぴったり収まるサイズです。サイズと数を決めることでひとつの抽き出しに収まるようにすると、誰もが使いやすい台所になります。

食器は棚にせよ、抽き出しに収めるにせよ、詰め込もうとすればいくらでも入ります。でも詰め込めば詰め込むほど出しにくくなります。

入るから入れるのではなく、取り出しやすいように収納を考えます。そうすれば、出し入れでぶつかることもなく、割れる危険も減ります。

カトラリーレスト、キッチン温度計、箸置き、マッチ、ボストンクリップ、楊枝、ビニタイ、輪ゴム、ペットボトルキャップ、キッチンスケール、布巾のストック、茶缶4個。保存袋、アルミカップ、ガーゼ、グラシンペーパー、エッグカッター、巻きす、蒸し布、おしぼりトレイ、リボンなど、仕切りは佃煮の木箱の枠を外して作りました。入れるものが変わるたびに仕切りを移動させたり、箱や缶を入れ替えてきました。

台所の抽き出しの中4段は和食器とカトラリー入れ。家族の人数分を重ねて収納すると取り出しやすい。漆器椀は同じデザインの大きさ違いを3個ずつ。カトラリーはデザイン違いを3本ずつ。引き出すときに、バラバラにならないように、斜めに傾けた手作りです。下はフォンデュフォーク、蟹フォーク、結婚祝いでいただいたロビー＆バーキンの銀のカトラリー。

鍋は全部が見渡せるように並べました。30代のころは倍以上の数でした。外食代に比べれば鍋やフライパンの値段は安い、よい道具を持てば料理が上手くなるような気がしていました。道具は使ってみて、よし悪しがわかります。店頭ではわからない。

1度で投げ捨てた道具もあり、パスタ専用鍋は洗うのが面倒で3年、36㎝の中華鍋と3段重ねの中華せいろは大き過ぎてジャマになり10年、鋳物ホーロー鍋と鋳物すき焼き鍋と鋳物フォンデュ鍋は重過ぎて40代後半で全部捨てました。

ダメな台所道具は迷わずさっさと捨てる。「いつか使う」は絶対にありません。ほかで間に合う。捨てた道具は授業料と割り切る。たくさんの発見があったはずだから。

鍋、ザル、ボウルはオープン棚。重ねるのはふたつまで。ボウルとザルを組み合わせると、水を拭き取っていなくても通気性があるから乾きやすい。まな板は我が家の台所で一番乾燥している電子レンジの上が定位置。

近くにホームメイドのパン屋ができて、パン作りは止めました。ブラウニー、コブラー、ショートブレッドも卵焼き器で作るので、クッキーの型は全部捨てました。

30代に買って今でも大切に使っている道具は脚つきコランダー、リベラーの湯煎ボウルつき鍋、カナダで買ったステンレススパチュラ、アルマイトのグリルパン、パイロレイのメジャーカップ、鍋敷き、こね鉢、タニタのキッチンタイマー、キッチンタオルホルダー。

40代でオパのヤカン、スイスで買ったウィスク、アルミにフッ素樹脂加工のパエリアパン、アルミにフッ素樹脂加工の卵焼き器、ガラスの蒸し器、ステンレストング。

50代でスプリングの多層鋼鍋とキッチンツール、山田工業所にオーダーメイドした鉄の炒め鍋、フランスで買ったパン焼き器、イタリアで買った焼き野菜パンとステラのムーランとパン焼き器、WMFのペッパーミル、ベルナーのコンビおろし器としりしりスライサー、信楽焼の炊飯土鍋と寄せ鍋、エッグコッドラー。

60代ではWMFの圧力鍋、ガストロラックスのバイオタン・ビュッフェパン、辻和金網のふたつき干しかご、京セラのセラミックスライサー、ビアンキのチーズグレーター、レックスのピーラー、タークのフライパン、メリタのコーヒードリッパー、0℃~100℃のデジタル温度計、アエロラッテシェフ(スピードコントロール可能なミルクフォーマー)、タニタのクッキングスケール2kg。

それに、私が開発した重ね鍋5点セット、漬けものポット、ミニすり鉢、てんぷら鍋、24cm鋼板ホーロー鍋、米とぎボウルセット(ザル、ボウル、ウィス

ガスコンロの前に吊るすと油で汚れるのだけれど、それが錆を止め味わいになる道具を吊るしました。ガス火用のパン焼き器はフランスのスーパーマーケットで、隣は冷めてしまったコーヒーポットを温めなおすときに敷きます。その隣はイタリアで買ってきたガス火用のトースター。鉄のフライパンはドイツのターク。これ以上大きいと重く、持ち手も長くなるので私に使いやすい22㎝。ヤカンはフィンランドのオパ。満水1.5リットル。コンロは36年前に買ったリンナイ。

洗って、しっかり乾いた布巾の洗い替えは四つ折りにたたんでスタンドミキサーのボウルに入れておきます。スタンドミキサーを使うときは、隣の電子レンジの上に仮置き。このアイディアは映画『恋するベーカリー』で見つけました。

クの3点)。

台所道具は過不足なく持ち、使うのがうれしくなるように小まめに手入れ。

道具を持つことで調理法が変わることもたくさんありました。私が開発に関わった「石黒智子　重ね鍋5点セット」の浅鍋とコランダーを組み合わせて蒸し器にすると、ゆで玉子よりずっと短い時間で蒸し玉子が作れます。さらに、エッグコッドラーを使うと黄身の固さがわかりやすく、半熟玉子が失敗なしに作れ、そのまま食卓に出せます。

オーブンで焼いていたローストビーフは厚手の鉄フライパンを買ってからはステンレスボウルを蓋にしてガス火で作れるようになりました。

餅はブレンダーでもち米を液状にして電子レンジで作ります。もち米2合(300g)と水300gを600Wで6分を2回。

伊達巻きはガス火で下を焼き、グリルで上を焼くと手早い。

50代に板金屋さんでステンレスボウルに121個の穴を開けてもらい、米とぎ用のザルに作り替えました。外側にボウルを重ねるので水切りができ、玄米の浸水も簡単です。米とぎ以外にも貝の砂抜き、ホウレンソウや小松菜の土落とし、素麺の湯切りなど、毎日使います。

ステンレスボウルは2個、ザルは3個です。5個を横3列に並べて、真ん中をひとつにすれば、どれを取り出しても重なりはふたつです。使い終わったら、さっと洗って拭かずにザルとボウルを重ねます。ボウルが上になっても下になっても底に水が残ることがなく、自然に乾きます。

結婚したころから美味しいコーヒーを飲みたいと、豆もいろいろ試し、道具も随分探しました。海外旅行の目的のひとつがその国の台所道具を調べること

電子レンジは納得いく機能とデザインに出合うまでに20年もかかりました。壊れたら同じものが欲しい。鍋掴みは手首のゴムを全部引き抜いてゆるゆるにした厚手の綿軍手。何年も探しました。今はアマゾンで購入できます。

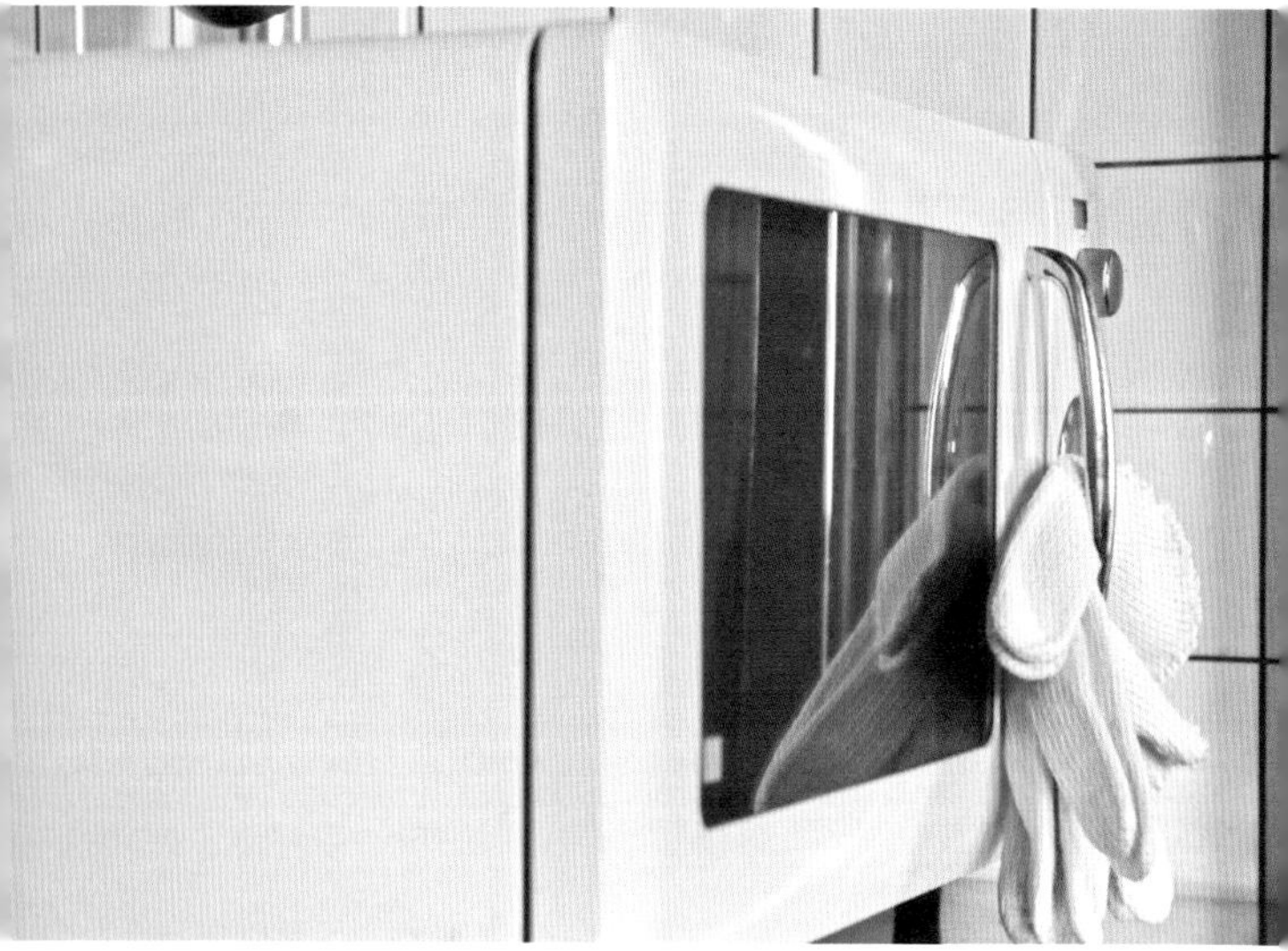

古タオルは床に油や牛乳をこぼしたとき。タブロイド紙や梱包に入ってくる紙は、同じサイズにたたんでフライパンや皿の油汚れ落としに。隣は洗剤。縦1列がストック数。

ですが、コーヒードリッパーを見つけると必ず買って帰りました。日本のカリタは3穴、ドイツのメリタは1穴、イタリアは2穴でした。

今使っているのはメリタのペーパーフィルター「メリタ・グルメ」1×4に合う形状のメリタ1×4のドリッパーです。「メリタ・グルメ」のおまけでした。

穴が少し小さいので、ガス火で焼いたステンレスの菜箸を差し込んで倍の大きさに広げました。

今、一番美味しいと思っているコーヒーはマグカップに牛乳を半分入れて電子レンジで60℃に温め、アエロラッテシェフでホイップ。そこに細かく挽いた豆をメリタ・グルメでドリップした濃いコーヒーを注ぎ入れます。ヤカンのお湯の温度は92℃プラスマイナス1℃。お湯を注いだら、ボダムのコーヒースプーンでグルグル回しながら落とします。これはドイツ式です。

アメリカで飲んだアメリカンコーヒーとフランスで飲んだカフェオレと、イタリアで飲んだカフェラテのいいとこ取りが我が家のコーヒーの味になりました。料理はほとんど夫が作りますが、食後のお茶とコーヒーは私。来客のコーヒーも夫には任せられない。コーヒーは毎回真剣勝負。油断すると不味いのです。

結婚した36年前に切れるステンレス庖丁を探すのは大変でした。専門店のベテラン店員は「切れるのは錆びる鋼の片刃、切れないのは錆びないステンレスの両刃」と言い切るのです。

錆びる鋼、しかも片刃を嫌う新米主婦の私は「ドイツにもフランスにもアメリカにも素晴らしく切れるステンレス製があるのに、どうして日本製が劣るのか。家庭には錆びなくてよく切れる両刃のステンレス庖丁が必要です」と力説

キッチンツールスタンドはひとつ。米をとぐウィスク、しゃもじ、木べらなど、さっと取り出したいものを入れます。いくつも持たないのは使わなくなった道具を捨てやすいから。まっすぐに立つのは、中にかき揚げ器が入っていて、二重の輪になるから。

瓶の蓋はスチール製。磁石がくっつきます。家族にもわかりやすいように消費期限を記しておきます。郵便受けに入っているマグネットシートでできた広告をハリミで切り、古いパソコンのキーを木工用ボンドで貼り合わせた手作り。8Bの鉛筆で書いて、メラミンスポンジで消します。

しました。今はほとんどが両刃のステンレス庖丁です。我が家のステンレス庖丁は夫が毎週研ぐので、切れ味に不満はなかったのですが、結婚前から夫が持っていた砥石は水に30分以上浸さなければ使えないし、終わったら台を外で干さなければならない。大きくて重くて出し入れも私にはおっくうでした。

自分で使える砥石が欲しかった私はデパートと専門店を探し歩きましたが、どれもデザインがひどい。ようやくネットで見つけたシャプトンの「5020（1000番）」と「50402（3000番）」と砥台「50200」を買いました。

水に浸す必要がなく使えます。コンパクトな上、重ねて収納できる申し分のないデザイン。すぐに取り出せる場所に置きました。

研ぎは週に1度です。コツはすぐに掴みました。庖丁が切れなくなるのは、刃先が減って平らになってしまうからです。平らになった刃先をもとのギザギザに戻すのが研ぐということです。そのことがわかって庖丁の使い方が変わりました。

まな板を傷つけないような力加減で使うと切れ味が長持ちします。また、刃先のギザギザを守るためにスポンジで擦らない。

20年前にスイスで買ってきたビクトリノックスのペティナイフ。よく切れるし、持ちやすいので大切に使ってきましたが、切れ味が落ちても波刃のナイフは砥石で研ぐことができません。でも、捨てない。

庖丁やキッチンバサミなど磁石にくっつけられる道具は2本のマグネットバーに収納しています。あるとき、それまで力任せに手で開いていた牛乳パックに波刃が使えるのではないか、と閃いたのです。角を波刃の溝にあてると、スーと切れました。それからは、紙パック開き専用のナイフです。

台布巾は乾きやすさでマイクロファイバークロス。詰め替え用洗剤をハンドソープの容器に入れます。スポンジは角を下にすると水切れがよく、乾きやすい。台布巾、洗剤、スポンジを縦１列にすると、家族も定位置がわかりやすいし、使うときも無駄な動きがありません。

薬箱はどこかへ置き忘れることがあるような気がして、定位置を決めるために台所の抽き出しのひとつを薬入れにしました。冬の外出に必ず使うマスクは箱買いです。

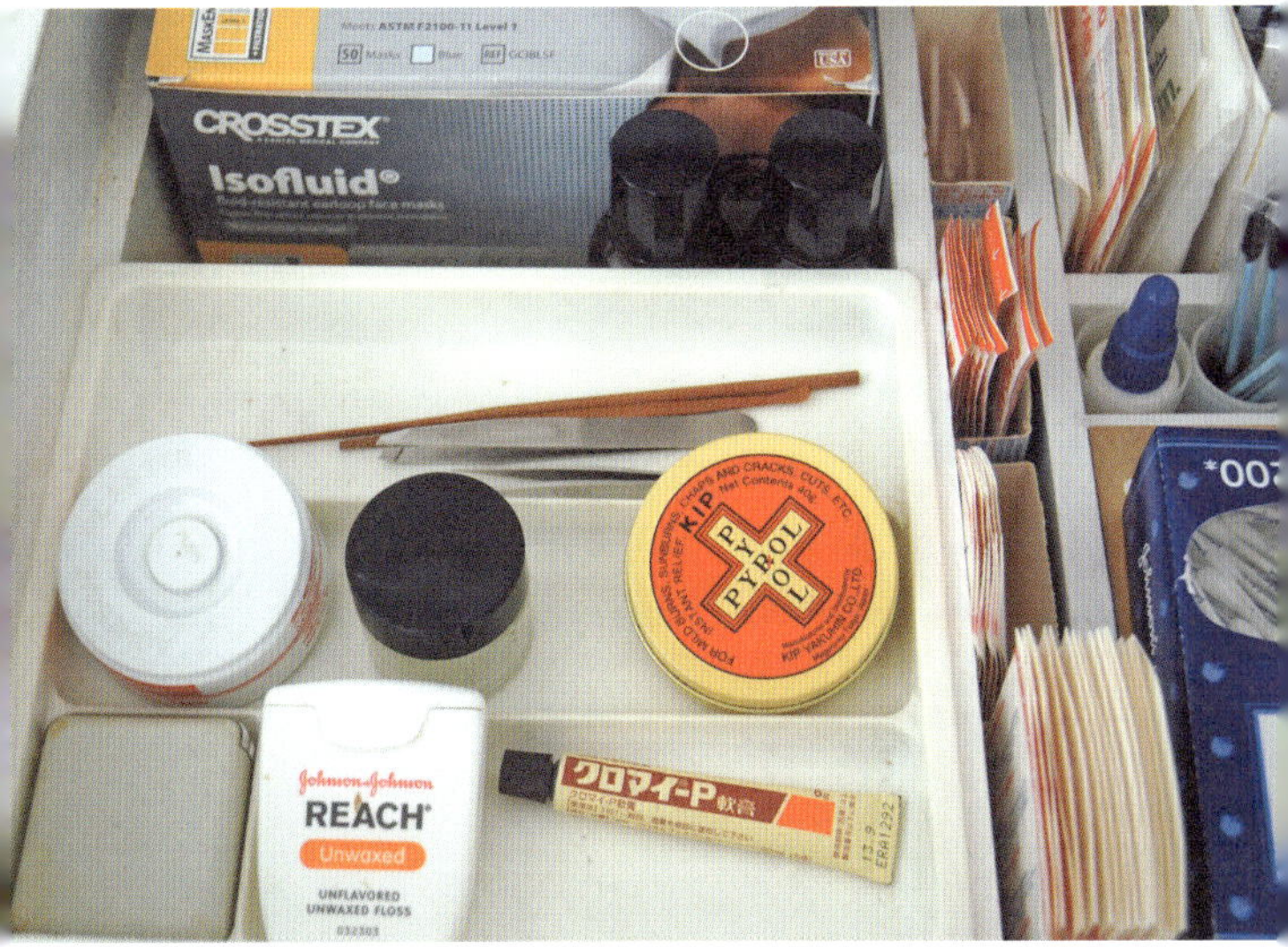

デザインが好きで持ちやすい道具は本来の使い方ができなくなっても、仕舞い込まずに、あるべきところに見えるように置きます。次の使い道を思いついたときにすぐに試せるように。

作り替える道具もあります。私は「REX（レックス）」のアルミハンドルピーラーが好きで見つけたときに2本買いました。でもスチール刃だから錆びる。それまで使っていたピーラーのステンレス刃を外して付け替えました。

庖丁の銘はサンドペーパーで削り落としました。

タークの鉄フライパンは把手を使いやすい角度に下げました。ガス台の前に吊るしてもジャマになりません。

卵焼き器はオーブンの中に入るように改造し、把手を外せるようにしました。幅ぴったりの木べラも作りました。

電子レンジの上が空いているのでバターウォーマーなどちょうどよい大きさのものを並べて吊るしました。フックはステンレスピンチを加工して。

台布巾はフェイスタオルを少しずつ小さくしてサイズを決めました。25㎝以下では小さ過ぎると考えていたのですが、使ってみると20㎝×20㎝がちょうどいい。素材は乾きやすさでマイクロファイバークロス。色は台布巾らしからぬ黒を見つけました。

ステンレスを拭くにはとても使いやすいのですが、テーブルを拭くときは最初、手の中で丸まってしまいました。３週間使うと慣れて綿布巾と変わりません。梅雨どきでもすぐに乾くのがいいです。

80枚巻天然パルプ100％不織布花王プロシリーズ「シェフ」265㎜×240㎜のキッチンペーパーに合わせて、高さのあるスタンドを買いました。マスキングテープはスパイラルマーケットのオリジナルデザイン。塩はパスタや糠漬けに入れるタブレットタイプとシェーカー。ペッパーミルはWMF製。上向きに立てられる蓋つきです。キッチンタイマーは30年前に買ったタニタ製。ブレンダーは13年前に買ったアメリカ・ワーリング製。

ストックを持たずにすむように、オーブンペーパーは50m、アルミホイルは100mを買います。近所のスーパーでは取り扱いがないのでアマゾンで。

炊事は夫が買い出しから後片付けまでをやってくれますが、魚介類は見極められないので、魚の献立のときは私が買い出しに行きます。紅茶、コーヒー、香辛料は息子が買うことのほうが多くなりました。

夫は大学の授業の日、朝食と自分と私の二人分のお昼のお弁当と夕食を作って出かけます。その日は1日台所が汚れません。私は鍋やヤカンを磨くのが好きで、夫が帰宅するまでに、ルンルン気分で磨きを楽しみます。

ポケットに生成りのハンドタオルを入れたエプロンは同サイズを３枚。気軽に台所に入れるように、来客の日は６枚に増やします。右は庭仕事用のエプロン。ハンドタオルは茶色。

チーク、桜、桐の板が扱いやすい。シャンパングラスはホコリよけ、メジャーカップはドレッシングボトル、小さなグラスは薬味入れに。ちょっと時間ができたときに古い映画を観ながら手を動かします。

洋食器は白と決めたわけではないのですが、これいいな、と手に取ったものがいつも白でした。「白だけでは飽きませんか」と聞かれることがあるのですが、飽きたものは捨てました。

ユーティリティー

家を建てたとき、洗濯機と乾燥機を洗面所か、台所か、それとも物干し場でもあるデッキ近くのサンルームに置くか迷いました。アメリカ製の大型洗濯機とガス乾燥機の購入を決めていたのは、当時の日本製の洗濯機のアボカドグリーンが気に入らなかったから。

何枚もの図面を検討した後、上下水とガス配管の関係で台所の奥に18㎡のスペースを作りました。アメリカ製の洗濯機が壊れたときに、送風乾燥機能つきが発売された日本製に買い替えました。1時間の送風で洗濯物がほどほどに乾き、洗濯槽も乾くのでカビの心配がありません。しかも電気代は数円です。

家を建てたときはガス乾燥機を置いた場所。送風乾燥機能つき洗濯機に買い替えたときに捨てて物干し場に改装。ワゴンの上にランドリーバスケット。下には洗剤のストック、小さな掃除道具、砥石、雑巾、ステンレス磨きに使うスチールたわし、石鹸のストック、台布巾のマイクロファイバークロスのストックなどを収納。洗剤と漂白剤は間違えないように、形も色も違う容器にしました。空になった容器は向きを逆にして置きます。スチールたわしは数がわかりやすいように1袋10個がちょうど入る透明容器に移し替えました。

乾燥機は壊れたときに処分して、空いたスペースを室内物干し場に改装しました。洗濯ハンガーの収納を兼ねたステンレスパイプを渡し、晴れていても、下着やシルクのスカーフはここに干します。ドロドロに汚れたサッカーウエアを夜のうちに洗って、干せるのも便利でした。洗う前の湿ったバスタオルやバスマットもハンガーにかけて吊るしておけます。ドアをつけず、窓からの通風もあり、壁は全面白いタイル張り。洗面所に比べると湿度が低く明るい場所です。

下にはランドリーバスケット、その下には洗剤、石鹸、シャンプー、雑巾のストックを置いています。砥石もここに収納しています。タオルスタンド3台もここに収納。

台所の奥ですが、台所からは洗濯機も洗濯物もストックもまったく見えません。

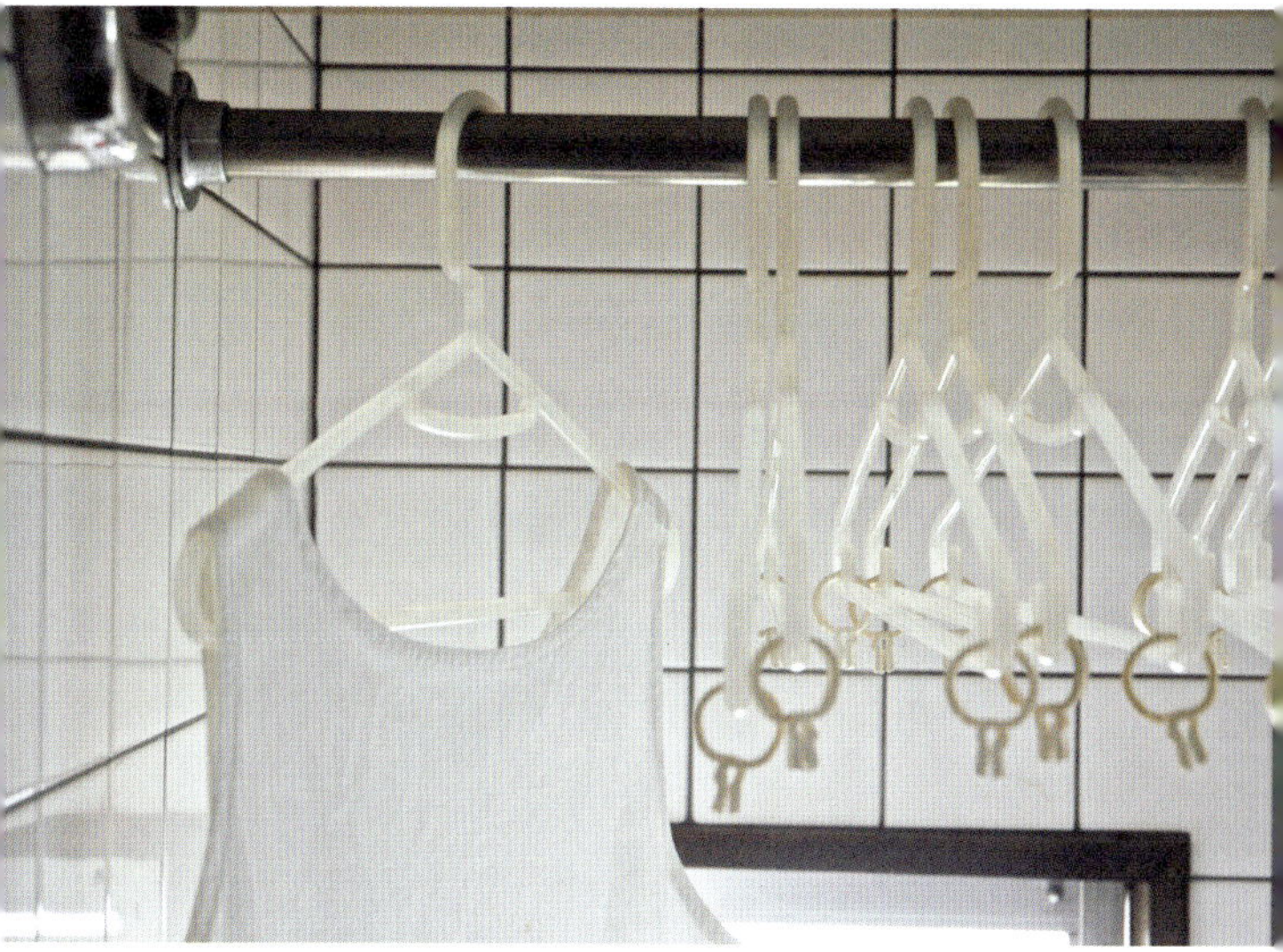

ガス乾燥機を捨てて物干し用のステンレスパイプとロープを渡しました。洗濯ハンガーの収納を兼ねています。シルクとリネンはここに干します。ノースリーブやスカーフも。使ったタオルや雨で濡れた衣類も吊るしておきます。雨や雪の日は洗濯機の中も乾かしたいから、送風乾燥を２時間。シャツはそのままアイロン。ほかはここに干します。

納戸

収納物が日焼けしないように、納戸を家の真ん中にしました。でも、たとえ納戸でもまったく日の入らない行灯部屋は嫌だし、風通しをよくしたい、と南側だけにドアをつけ、通り抜ける北側にはつけませんでした。

ひさしのおかげで南からの直射日光が差し込まない5月から9月までは、ドアストッパーを置いて昼夜開け放したまま。梅雨どきでも風がよく通り抜けます。北窓からの採光があるので、昼間は照明なしで使えます。

寝室からも居間からも台所からも洗面所からもすぐです。

納戸は夏冬で交換する建具、スキー、スノーボード、スキューバダイビング用品、登山用品、天体望遠鏡、双眼鏡、カメラ、折りたたみ椅子が12脚、姑が使っていた歩行補助車、ストーブ、旅行鞄、衣類、寝具、ブランケット、バッグ、靴、スリッパ、傘、仕事の資料、家事ファイル、本、新聞、ピンポンセット、散髪セット、体重計、掃除機、帚、ちりとり、ベッドメーキング用ブラシ、床拭きモップ、ミシン、アイロン、充電器、お花見用の大鍋、ショップの袋、フッ素樹脂加工フライパンと耐熱ガラスのコーヒーポットの買い置きが入っています。

納戸に置いている消耗品のストックはトイレットペーパー、ティッシュペーパー、クッキングペーパー、使い捨てゴム手袋、軍手、乾電池、ロウソク、45リットルゴミ袋、トイレ用ゴミ袋など。生活に大切なものは随分あるものですが、なにがあるかすぐにわかり、さっと取り出せ、さっと片付く分量です。納

掃除道具のすぐ横の棚に軍手とラテックス手袋。軍手は厚さやサイズもいろいろだから、使うときに下の在庫を確認します。ラテックス手袋は箱にぎっしり詰めてあるから、そのままでは取り出しにくい。ゆったり入るティッシュボックスの空き箱に詰め替えます。

納戸の中に掃除道具置き場を作りました。ドアを開けただけでは見えず、中に入るとすぐに手に取れるようにと考えました。デメルのザッハトルテの木箱の中には掃除機の紙パック1年分の40枚がぴったり入ります。蓋を上に開けたときに中の紙パックが前に倒れないように、斜めに打ちつけてあります。上の掃除機のアタッチメントも落ちません。右側の帚草のブラシはベッドメーキング用。筆は小さな溝、刷毛はガラス戸の縁など。掃除機はマキタの充電式。帚と併用で使います。赤いアクリル軍手は窓拭きに。

戸を整理したときに捨てるものは、それが必要か否かではなく、大切か否かで判断しています。

消耗品は家族が買えるように定番を決めました。近くにコンビニが増えて洗剤などはコンビニＰＢ（プライベートブランド）が買いやすくなりました。ネットショップの場合は履歴から注文できるので楽です。

個々の商品は時々ほかと比較をして替えることがあるのですが、５年に１度、収納スペースの見直しを兼ねて納戸の消耗品のサイズと質と価格と買いやすさの比較表を作ります。今年がその年でした。

スーパーの店頭商品から選んだトイレットペーパーでは、納戸の棚に１列しか並ばず空きができてしまいました。ところがネットスーパーには同じ90ｍシングルロールでも巻き方がきついために２列並べられる商品があったのです。以後、トイレットペーパーはネット買い。

値段が同じコンビニPBでも、シャンプーとコンディショナーはセブン-イレブン、漂白剤とパイプクリーナーはファミリーマートのパッケージが好きで決めました。

気に入ってずっと使っていたセブン&アイの白箱ボックスティッシュが廃番になりました。ほかのティッシュを買ったこともなかったので、ストックが切れたときによい機会だと白箱のティッシュをいくつか買ってみました。1箱の枚数が320枚、360枚、400枚、440枚の4種類で、箱の厚みは枚数に比例していません。薄い320枚入りは収納に便利ですが5パック売り。400枚と440枚入りは1箱売りなのでストックの数を調整しやすい。品質、デザイン、値段、買いやすさに納得したのは400枚のセブン&アイの「ラグジュアリソフトティッシュ」でした。

クッキングペーパーやゴミ袋は、5年前と同じ商品になりました。これで消耗品のことは5年間考えずに過ごせます。商品を決めるとセールに振り回されなくなるので、新聞の折り込みちらしも読みません。ストック管理が楽です。

ここ数年で買い物の仕方は随分変わりました。買いやすさは距離ではなくなったのです。ウェブショップは24時間いつでもパソコンで注文でき、早ければ翌日に配達されます。パリやニューヨークからでも1週間で届きます。こんな便利な時代になったのだから、ストックはギリギリでよいのでは、と頭をよぎりましたが、東日本大震災のことを思い出して、安心は3ヶ月分。

よく使うものは入れ替わるので区分けは大雑把ですが、ミシンとアイロンとアイロンマットは置き場所を決めて、そこに並べて入れられるサイズを何年もかけて探しました。子供服のデザインコンクールで大賞をいただいたとき、副賞として最高級のアイロンをいただきましたが棚にケースが入らず断念。知人にプレゼントしました。

納戸に置いたチークの収納棚は知り合いからのお下がりです。もともとは本棚。ミシンとアイロンは入れたかったところに収まるサイズを探しました。ミシンは1983年にスイス・エルナの電子ミシン。アイロンは1988年にイギリス・ヘイドンのコードレススチームアイロン。アイロンマットもいっしょに収納。

私にとってのベストは流行色の新商品ではなく、スタンダードなロングセラー商品でした。アイロンはケースなしコードレスのイギリス製。ミシンはカバーがコンパクトなスイス製です。いっしょに使うことがあるので、重さや質感にもこだわりました。

どちらも日本製に比べると軽く、60歳を過ぎた今でも使いやすいちょうどの重さ。持ち運びが楽です。もちろん、高性能でデザインも好き。1ドルが200円台でスイスフランもポンドも高かった時代。安くはなかったけれど、その国で信頼できるトップメーカーの商品であり、日本の輸入元も販売店も確か。迷いはありませんでした。

納戸には私の洋箪笥も入っています。中にふたつの抽き出しがあり、ひとつは入院セット、もうひとつには法事セットを収納。

入院セットは下着と寝間着のストックを兼ねています。ファーストエイド・キットは旅行時に持ち出します。その都度、中身のチェックをする機会でもあり、以前に比べると、入っているものは随分入れ替わっています。ナプキンクリップは入院用なのでつけやすい大きなプラスチッククリップで手作りしました。

私は出産以外で入院の経験がありません。必要なもののあれこれを経験者から教わって揃えてきました。寝間着は前開き中間色で軽く乾きやすい薄手、胸ポケットつき。長袖は腕まくりができるようにシャーリングテープでアームバンドを用意。

夏は寝間着よりノースリーブの前開きワンピースが快適と教えていただいたときに、20年前に買ったお気に入りのワンピースの襟を外してスタンドカラーに縫い直し、古い寝間着から外したボタンに付け替えました。履物は滑らない

寝間着は２枚。重ね着はフリースのベスト。病院は外履きが原則なのでスリッパは外履きサンダルを選びました。下には下着、ランドリーバッグ。

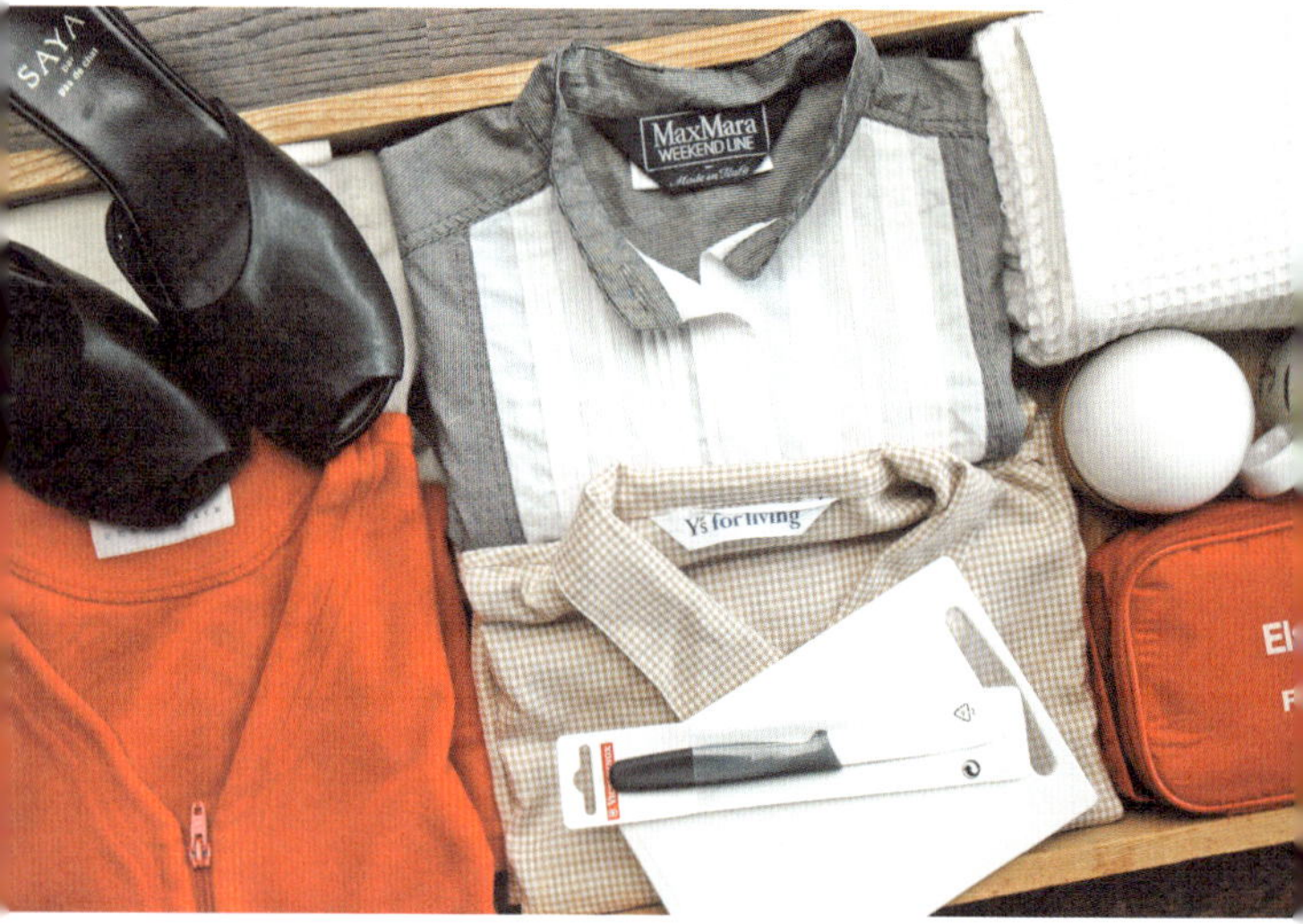

充電器は1台ずつクッキー缶や紅茶缶に入れて並べます。空き缶があるということは、どこかに置き忘れているということです。そのことに気がついてすぐに探せるように。

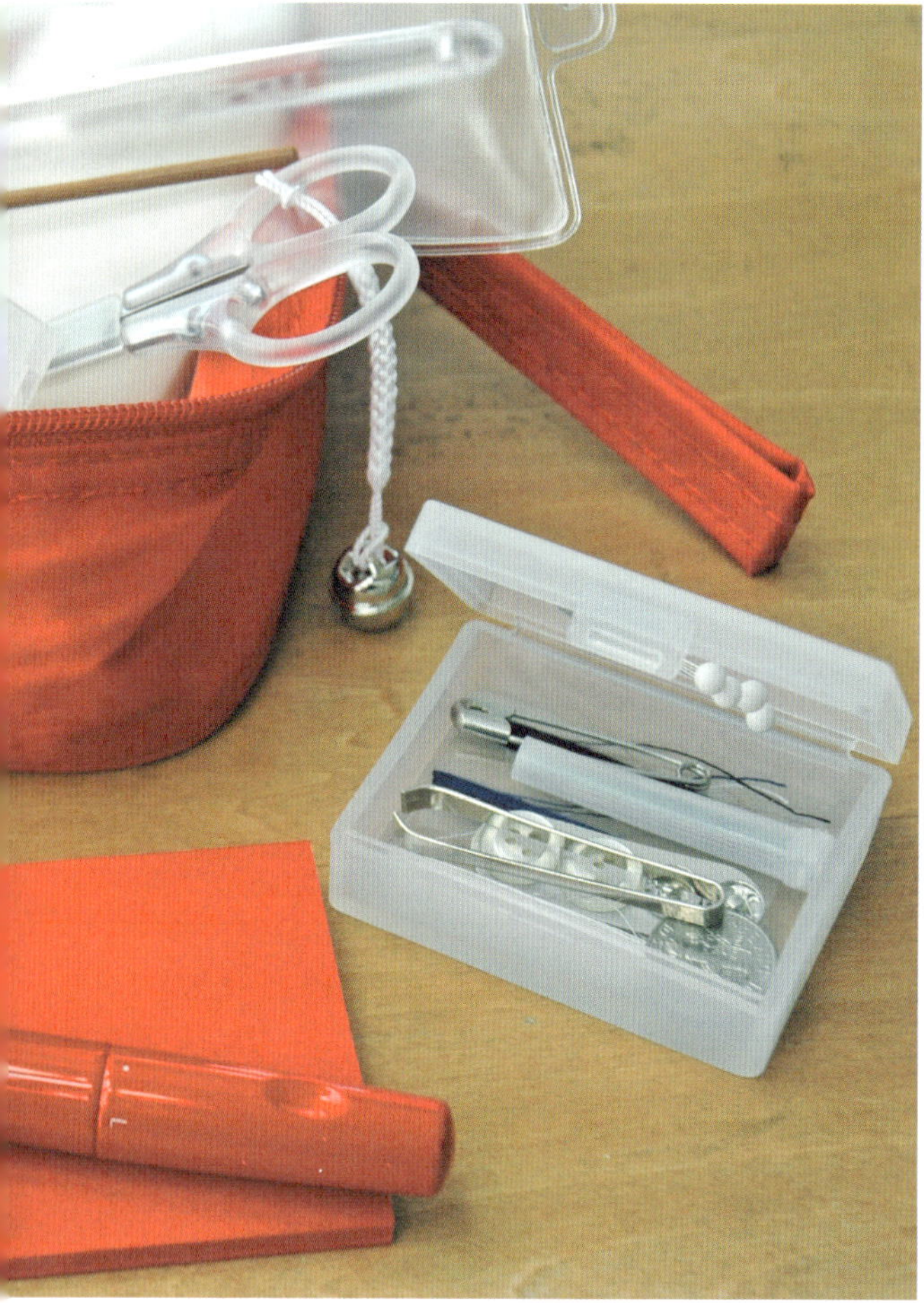

旅行にも持って出るファーストエイド・キットは入院セットの抽き出しの中。年に一度は全部出して入れ替えたり、作り替えたり。プラスチッククリップにリボンをつけてナプキンクリップを作りました。食事で寝間着を汚さないために。病室は共同生活の場なので、気持ちが明るくなるような色を選びました。うっかりどこかへ紛れ込んでも探せるようにハサミには鈴の根付け。

外履きのLサイズサンダル。

メモ帳は切り取れるようにミシン目入りで、ボールペン同様自分のものとわかる個性的なもの。置き忘れると探してもらうことになるマグカップ、湯飲み、カッティングボード、ナイフなどは説明しやすい絵柄や形、ナイフにはメーカー名が入っていると間違えません。

ものを落としたときにベッドから探すために手鏡。大判タオルは食事のときに布団を汚さないためにテーブルクロスのようにも使うことを前提に軽いワッフル織り。ランドリーバッグは生成りのシーチングが軽くていいです。

法事セットの数珠は実家が用意してくれたもの。手袋は厚手と薄手でストックを兼ねています。法事バッグは私の開発商品です。喪中扇は夫も使えるように男女兼用サイズ。ナプキンクリップは結婚披露宴など華やかなデザインが多いのですが、冠婚葬祭いずれにも使えるシンプルで上品なデザインを探しました。

縁起が悪いから香典袋は用意するものではない、と若いころに教えられたのですが、間に合わせを買うのは嫌なのできちんとデザインされた「御霊前」「御仏前」を数袋用意しています。私が日用品のデザインにこだわるのは、一人ひとりの美意識が未来の文化を築くことに繋がると信じているからです。

法事以外の外出に持つバッグはひとつです。デパート、ホームパーティー、美術館、どこへでもこれひとつ。真冬のオーバーコートの腕にも通すことができ、夏のノースリーブでも軽快に装うことができます。黒の牛革に金具がクロームメッキなので、時計とアクセサリーは銀かプラチナ。財布の金具もクロームメッキ。

何度も雑誌の取材で取り上げられました。そのたびに中身は少しずつ変わっていきました。30 年前はご近所のお手伝いというのもありましたから、エプロンは黒と白を用意していました。もうご自宅での葬儀はありません。喪服ではなく、平服で参列ください、とメールをいただくこともあります。そういう場合は普段のバッグを持ち、アクセサリーも控えめに。

御霊前

私が買ったころには同じバッグを街で見かけることはなかったのですが、最近は電車の中でも見ます。そこで財布に根付けをつけるように、チャームをつけることにしました。冬はグローブホルダーに手袋を挟み、春は銀の小さな香水ボトル。夏は象牙のバラと麻のハンカチ、秋は茶色が秋らしい牛革のロゴタグ。金具はどれも銀です。

小さくてもマチが広いので、折りたたみ傘、サングラスなど外出に必要なものが充分入ります。出かけるときには机の上に全部出し、その日必要なものだけを入れます。

例えば、天気予報が晴れなら折りたたみ傘はいりません。サングラスとウェットタオルは入れます。食事の予定がないときでも銀の鎖にニットピンで手作りしたナプキンチェーンは持ちます。電車に乗るときは本も忘れずに。

入れなかったものは机の上に置いたままにして、帰宅したらそっくりバッグに。これで戻し忘れはありません。外出時、自分の机の上だけは、置きっぱなしをよしとしています。

アクセサリーとハンカチと扇子は服装に合わせるので、バッグを収納している棚の下の棚に置きました。大きな荷物があるときは息子のトートバッグを借ります。

スーパーへの買い出しは、人とぶつからないようにマチなしトートバッグを使っています。ちょうどのサイズが見つけられずにずっと手作りしてきました。今使っているのはディーンアンドデルーカの生成りシーチングのギフト袋から作りました。持ち手は20年以上前に友人にもらった牛革の紐。質感が好きで紐はずっとこれをつけ替えて使っています。汚れたら洗濯機で洗います。洗う前に革にしっかり靴用のワックスを塗って陰干し。乾いたらグリセリンを染

金具のついていないバッグが好きで、なかなか気に入るものがなく前のバッグも20年以上たったひとつでした。さすがにくたびれたので2013年に買い替えたときに、サッパリ捨てました。バッグはひとつがいい。バッグに合わせた靴が3足あればいい。バッグと靴に合わせた季節ごとの服があればそれで充分。おしゃれに興味がないのではなく、それが私流。同じシャツを6枚買うことがあります。バッグの中にふたつのポーチ。中にミシン目で切り取れるメモ帳、鉛筆、ばんそうこう、ホイッスル、LEDライト、マスク。ほかにはウェットタオル、ホコリとりシート、折りたたみ老眼鏡、夏は扇子、冬は手袋。いつも買い物用トートバッグの中に入れてある財布とがま口。がま口の中には500円硬貨が2枚と100円硬貨が10枚。

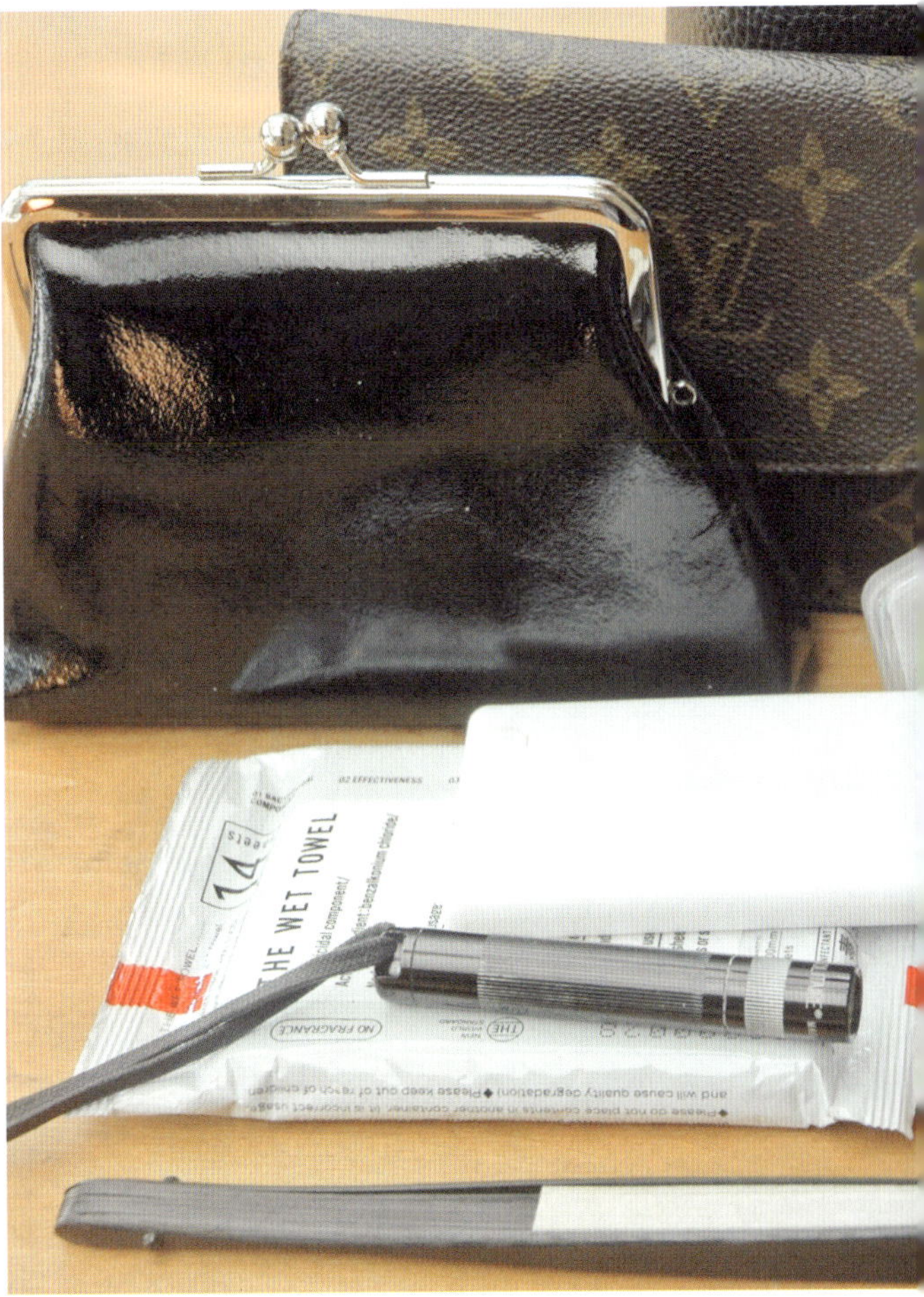
THE WET TOWEL

み込ませます。

中にはたたんだエコバッグとポリ袋（ブルーベリーやミニトマトなど、潰れないように別にしたいときに使う）と保冷袋、がま口、電卓、鉛筆、ウェットタオル、図書館へ寄るときは図書カード、雨が降りそうなら折りたたみ傘。老眼鏡は首から下げます。

ソックスは庭仕事で1日に3回履き替えることもあるので、ソックスバッグに入れて吊るしました。いつもショップの布袋から作ります。今のより使いやすそうだな、と思ったときに作り替えています。全部解いてミシンで縫い直すこともあります。今使っている亜麻色のリネンのソックスバッグは、持ち手を解いてボタン留めにしました。

毎日２回は履き替えるソックス。たたんで仕舞うより、専用の布バッグに入れるほうが簡単とずっと手作りしてきました。ショップの布袋を作り替えます。持ち手は1本のほうが取り出しやすい。

コンセントや建具の金物はすべてステンレスかクロームメッキです。家を建てたとき、納戸収納のつまみと台所収納のつまみは同じ白の陶器でした。いくつか欠けたときに、歩いて行ける場所にイケア港北が出店。建具と質感の似たアルミ合金の鋳物を見つけて交換しました。2個で299円を16個買って2392円。

家中の金属の質感が揃ったら、まとまりのあるインテリアになりました。ジャム瓶を小物入れに再利用するとき、蓋が金メッキだったらサンドペーパーで剥がします。外した陶器のつまみは我が家には必要ないけれど、きっと誰か使ってくれると思い、捨てずに工作台の下に見えるように置きました。掃除機を買い替えたとき、アタッチメントを立てる突起にぴったりでした。予想もしなかった次の使い方を見つけるとうれしいものです。

素敵な買い物袋（そうじゃないのはゴミ袋として使う）は、図書館が寄付を受け付けているので溜ることがありません。

図書館では、買い物袋をダンボール箱に入れて置いてあり、図書館の利用者が借りた本を持ち帰るために自由に使っていいことになっています。取り出しやすく置けば、乱雑になりません。

紙袋はマチが内側になるように折り込み、底が抜けないように台紙を入れます。ポリ袋は１枚ずつマチなしの紙袋を作って入れ、布袋には中にボール紙を入れ、持ち手を内側に折り入れます。たったそれだけのことで、ダンボール箱にきれいに立てて収納でき、さっと引き出せるから使う人も気持ちいいはず。

私ができる小さなビューティフル・ウィンドウズ運動として続けていきたい。

食料品の買い出しはエコバッグを使うのでポリ袋は少ないのですが、いただきものもあるので少しは溜ります。図書館に相応しいデザインでくたびれていないものを選んで寄付。図書館が用意しているダンボールの箱に立てて収納できるように紙袋を作って１枚ずつ入れます。

ついつい溜ってしまう紙袋。美しい紙袋はアイロンをあてて図書館へ寄付。
内側に折り込むと箱からさっと取り出せます。

10年前に10年間、自宅で介護してきた姑が他界しました。姑はものを捨てるということがまったくできない人でした。ものを捨てることが罪悪であるかのように教えられた時代に生きてきたのですから、無理もありません。

私は姑の価値観や生き方に無関心で、嫁姑ということすら感じたことがありませんでした。夫の母親を義母というのにもピンときませんでした。ゆっくり話をしたことがなかったので嫌うことも、陰口をたたくことも、実家で愚痴をこぼすことも、母と比べることもありませんでした。

私の家族は夫と息子だけです。姑は市井の老人です。困っている老人に、手を差し伸べなくては、という程度の感情で介護をしていました。印税と原稿料のほとんどをつぎ込むことになっても、それは私にできることなのだから、ゴミの山の中で暮らしていた姑の家を片付けるのは、汚いものなのだから誰かが捨てて、きれいにしなくては、という思いだけでした。介護制度の助けもあって10年間という時間の感覚すら残っていません。

姑は親や夫の介護の経験がまったくありませんでした。自身が介護される立場になると自覚したのは80歳のときです。遅過ぎました。介護の経験があればもっと早くに自分で準備ができ、ものであふれ、窓からの光さえ入らない部屋でひとり過ごすようなことにはならなかったはずです。

私が捨てたのは、明らかにゴミと判断できる新聞紙、雑誌、紙袋、ダンボール、ぼろぼろの寝具やタオル、20個以上あった焦げついたフッ素樹脂加工のフライパンなどです。それは全体の1/5ぐらい。

箪笥に入りきらない大量の洋服とバッグとスカーフとショールはシミだらけ、カビだらけであっても捨てられませんでした。靴箱からあふれた靴、あちこちに散乱した趣味のステンドグラスの作品と道具と材料、虫食いだらけになった手作りの人形、布、タオル専用の簞笥に押し込まれた300枚以上ものタオル、洗剤など消耗品の大量のストックも、他人の私にはどう処分していいか判断がつきませんでした。

姑は最期の始末だけは自分で決めておりました。大学病院に献体を希望し、葬儀はいたしませんでした。遺骨になって戻ってきたのは2年後です。亡くなって10年が経ちましたが、遥か昔のことのよう。顔すらおぼつかないほどです。考えようでは、介護の理想かもしれません。

家の真ん中にある納戸は直射日光の入らない
北側の窓からの自然光で行灯部屋を回避。

居間

家族それぞれの机と共有の工作台を置いた居間です。来客によってレイアウトが変わります。

電車好きの夫の友人達が集まると、寝室の壁に収納した1m×1・5mのHOゲージのレイアウト板4枚を運び出して、平らに組み立て、電車が走り回ります。私の仕事の打ち合わせには、人数によって寝室から椅子やベンチを運び入れます。お花見の2週間はすべての机が食卓です。

私の仕事机は、台所寄りで掃除道具を収めた納戸の近くに置いてあります。

幅150㎝、奥行50㎝でA4ファイルが入る深さ6㎝の抽き出しが4列。それぞれが引き出せます。

普段は大雑把に分類するだけで、連載の原稿を仕上げた区切りに、映画を観ながらひとつだけ整理します。雑誌の特集など大きな区切りには、全部の抽き出しを整理します。

椅子はダイニングチェアの中から選びました。抽き出しと同じナラの無垢材です。革の座面が固いので1時間も座っているとお尻が痛くなります。すると、立ちたくなり、立てば自然と歩きたくなります。

私のように、自宅でパソコンに向かう仕事をするのなら、腱鞘炎予防のためにも、座り心地の悪い椅子を選んだほうがいいのかもしれませんね。原稿の区切りに立って、床磨き、ベッドメーキング、冷蔵庫整理、糠漬け、常備菜作り、ジャム作りなどをします。

以前は、ビスケット缶やチョコレートの箱に小物を入れて納戸の隙間に置いていました。中身の量が増えたり減ったりするたびに、入れ替えます。同じ缶はありません。

40代では、見えるところにあれば、入れ替えても中身を間違えることがありませんでした。50代になると、入れ替えたことを忘れるようになって、60代になったら、なにがどれに入っているか覚えていない。取り出した後、納戸のどこへ戻せばよいのかもわからなくなって、隙間を探して押し込みました。

ところが、納戸に入っているものは季節ごとに入れ替わります。そのたびに缶と箱も動きます。覚えられません。

どこかほかに置き忘れるということも多くなりました。私の場合は50代より60代になって仕事が増え、忙しくなったということもあり、納戸の管理ができなくなってきました。

これでは暮らしが成り立たない、さてどうしようか、とあれこれ考えていたときに、ブルーレイで観たのが映画『ツレがうつになりまして。』です。古道具店で買う小瓶のコレクションを並べた棚箱がありました。そうか、こんなふうに並べればいい。

家中を眺めると、息子が使っていたおもちゃ箱が目にとまりました。これで棚箱が作れる。工作台の下から材木をかき集めて、棚板は波釘で打ちました。普通の釘もあったのですが、私の腕では、まっすぐには打てません。重いものは下に置くのだから重さは考えなくても大丈夫。それなら波釘のほうが簡単です。

工作をするときは、持っている道具で自分のできる方法でやります。ヘタはヘタなりに、得意な人では思いもよらない方法を見つけるものです。

Q-POT CAFE.
-POT CAFE.
CAMPBELL'S
Perfect TEA
Beautiful Flavour
Delicious Rich Cup
great taste gold
BUTTER BISCUITS
JULES DESTROOPER

ボタンつけぐらいは自分でするように、針箱とは別に缶を作りました。ほかにも、リボン、切手、クリスマスカードなどが入れてある缶と箱をひとまとめにしたくて作った箱棚。夫が小さかった息子のためにつくったおもちゃ箱を再利用したので、ちょっといびつです。でもそんなことは気にしない。重いものは載せないので波釘を打ちました。棚板は寸足らずで奥まで届きませんでした。両サイドからノートを差し込めます。

波釘は蒲鉾の板をあてて木槌でたたきました。棚板は前合わせで、奥まで届いていません。寸法が足りなかったのです。でも、私はそんなことはまったく気にならない。これ幸い。植物図鑑とノートが入るように、両サイドの横板をくり抜くことを思いつきました。缶や箱の中身が変わっても、必ず、棚の中にあるのだから、目星をつけていくつか開ければ、必ずあります。中身が見える必要はありません。

中身を変えないのはふたつの針箱です。ひとつはボタンつけ用の針箱で、ボタン、ボタンつけ用の糸と針、指抜き、スレダー（糸通し）はアルミだったので、磁石に貼りつくニッケルコインで作り直しました。糸切バサミには鈴をつけました。針山は磁石があれば必要がありません。

ボタンつけは家族それぞれが自分でします。針を床に落としたときは目と磁石で探します。

もうひとつは私が使う針箱です。贈答用カステラの桐箱を片手で持てるサイズに糸鋸で切り、木工用ボンドで貼り合わせました。針はチューリップのシリンダー入り。コルクの蓋は転がりやすく音がしないので、どこかへ紛れると探すのが大変。コルクを半分にカットして金属のビスを貼りつけました。糸切バサミに鈴をつけるのは布に紛れたときに、音を頼りに探せるからです。些細なことですが、それだけのことで随分楽です。

ほかの箱は切手、絵はがき、リボン、年賀状、ポチ袋、手作りアクセサリーのパーツ、アップリケなど布あて用の切れ端、ミシン糸、絵具、シーリングスタンプ。

「BELLOCQ TEA ATELIER（ベロック・ティー・アトリエ）」のふたつの

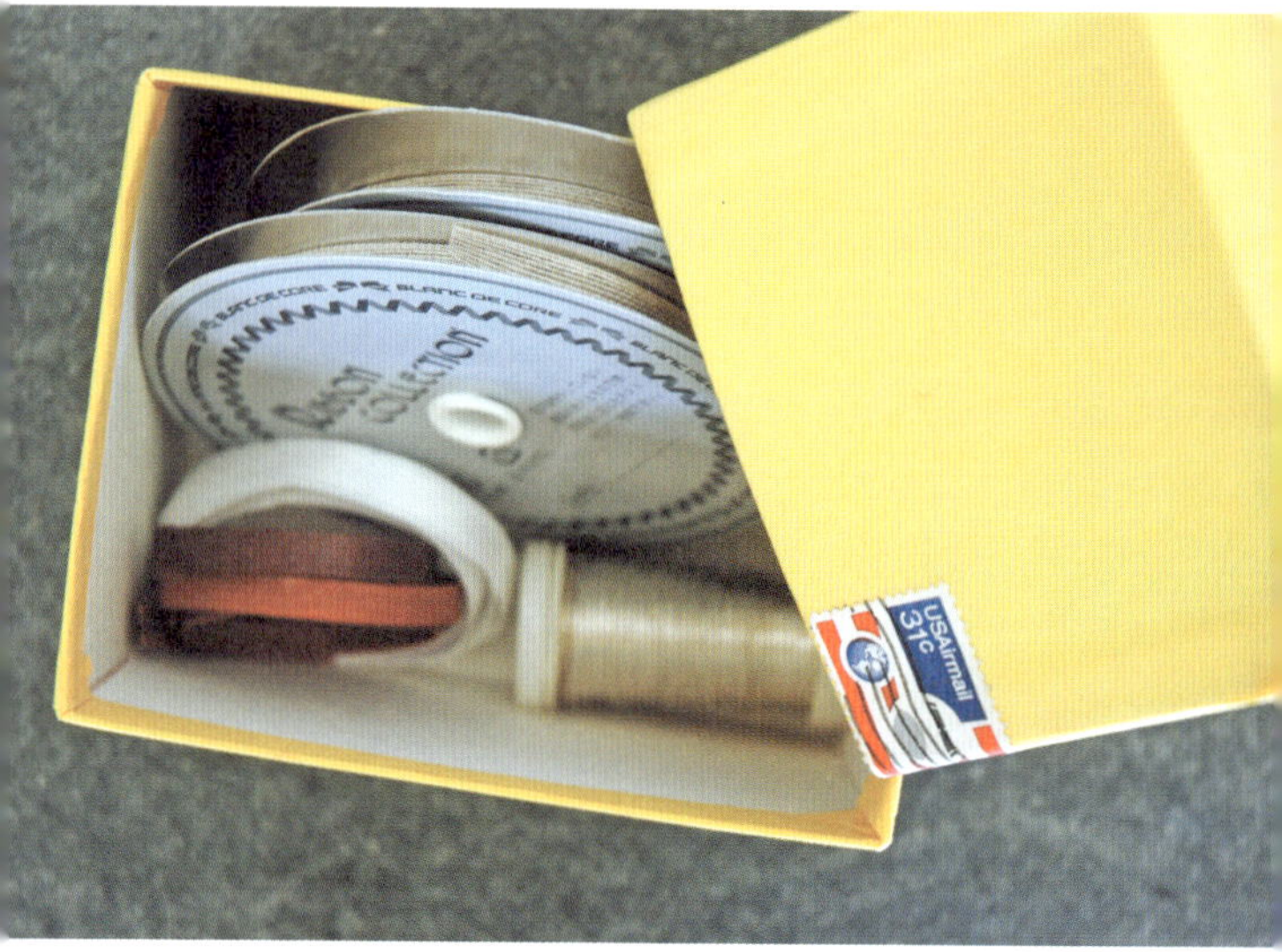

リボンはこの箱に入るだけはよし、としています。ごちゃごちゃしてきたら捨てる。

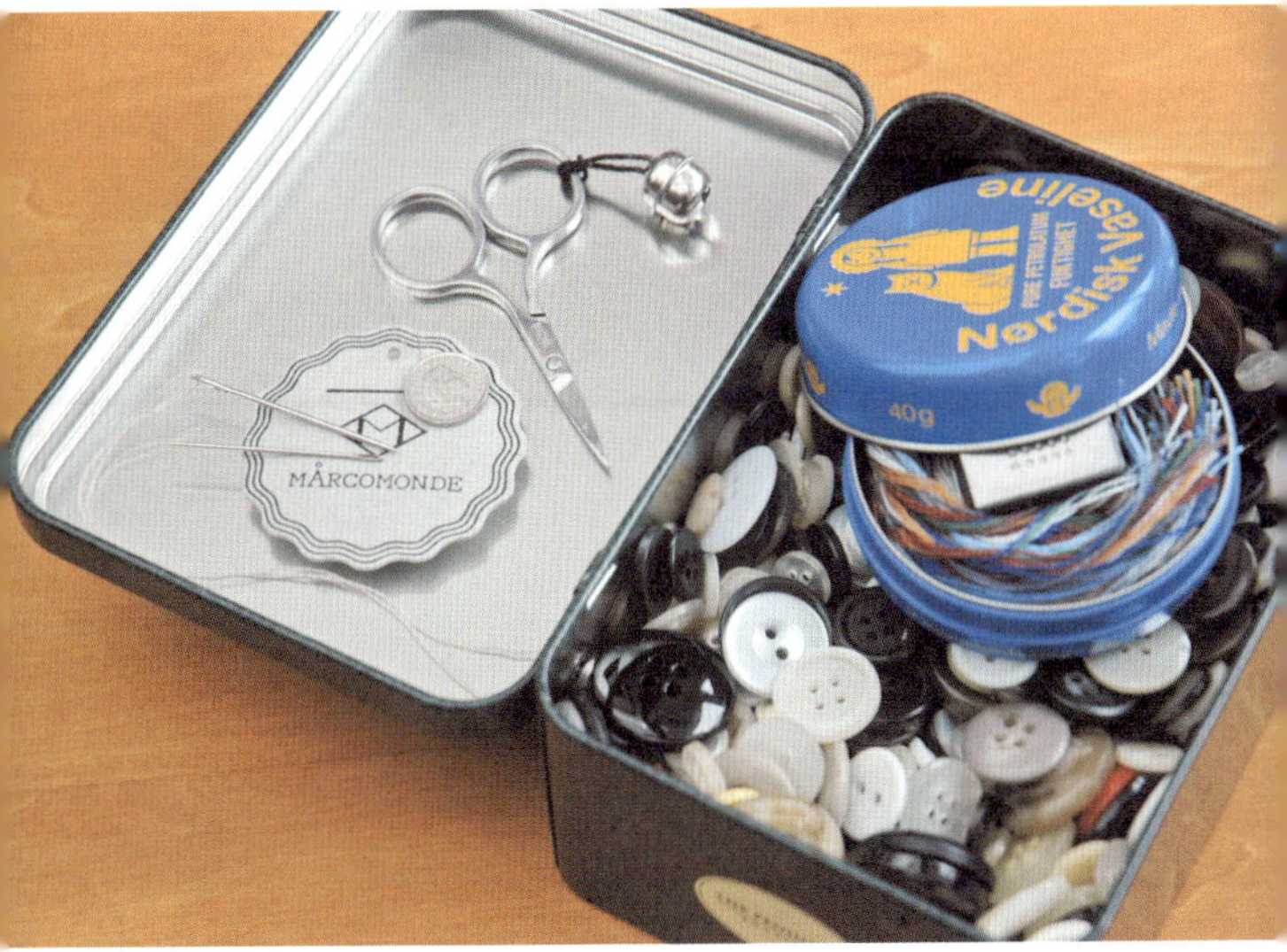

ボタンは重いからクッキー缶。針山をマグネットにすると、蓋の裏に貼りついて、床に落とした針を探しやすい。針箱を作るときは最初にハサミを選びます。気に入ったハサミに、ほかの道具を合わせると簡単です。

茶缶は夫と私の骨壺です。息子からの誕生日プレゼント。ニューヨークのブルックリンから1週間で届きました。

数日前に友人のホームパーティーで、お互いの葬儀について話したばかりでした。70代夫妻はしっかり考えていて、骨壺を見せてくれました。骨壺はネットで買う時代だそうです。有田焼、クリスタルガラス、茶筒のような金属製もあると聞いて、時代は変わったのね、私は素敵な紅茶缶がいいな、と思っていたところでした。

缶の中には息子が小学生だったころに作ってくれたブローチと月光荘の8Bの鉛筆、骨を入れるための小さなオリーブオイルボトル。ほかにも、細々入れました。最期の始末は自分ではできません。遺族や周囲が困惑しないように、エンディングノートに記しました。

アルバムに貼らないスナップ写真用の箱もあります。ここに入れた写真は時々整理して捨てます。年をとると、それまで通りの付き合いができなくなる人が出てきます。価値観の違いが魅力的だった人がストレスになることも。我慢せず、もうこれまでと悟って記憶共々写真を捨てます。写真を捨てると思い出したくても顔が出てこなくなって、じきに名前も忘れます。古いことは自分の都合で忘れるに限ります。さばさば生きるために。他人の陰口を言わないためにも。

時間を経て日焼けし塗装が剥がれた缶、キズやへこみのある桐箱はとても魅力的。誕生日祝いの紅茶缶、海外旅行土産のクッキー缶、ご近所さんからいただいたケーキの木箱、リネンのハンカチをいただいたときの紙箱。ひとつひとつにストーリーがあります。紙箱の角のこすれの補修は思い出ある古切手で。

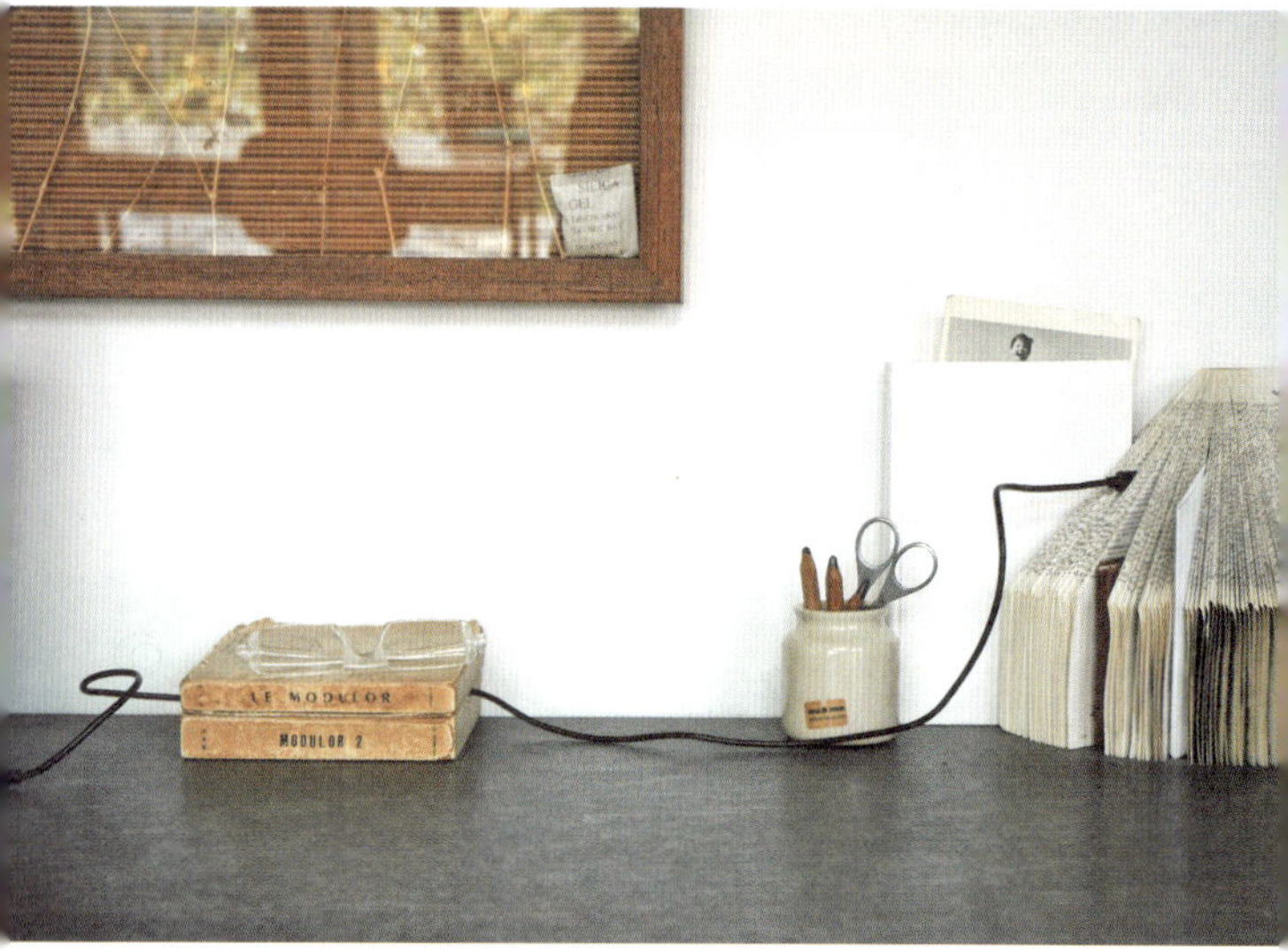

更新するホームページのために毎日写真をとります。パソコンのケーブルは常時接続状態。カメラ側の端子がジャマでした。ほかにも読みかけの本、返事を書くまでの手紙、買い物のメモ、免許更新葉書、税金の納付書などをひとまとめにできる収納法はないだろうか、と思いついたのが各ページを45度に折り込んだ古本。チューブ入のハンドクリームも差し込めます。マスタードが入っていた陶器にはハサミと短くなった鉛筆。中には消しゴムも。長過ぎるパソコンケーブルは古本の中をサークルカッターでくり抜いてグルグル巻にして詰めました。1冊では浮き上がるので重石代わりにもう1冊重ね、眼鏡置きを兼用。これで机の上はスッキリ。

年賀状は、二つ折りで情報カードボックスに入るくらいに減りました。インデックスは３枚です。住所録はパソコンに入っているので、翌年２月に捨てます。

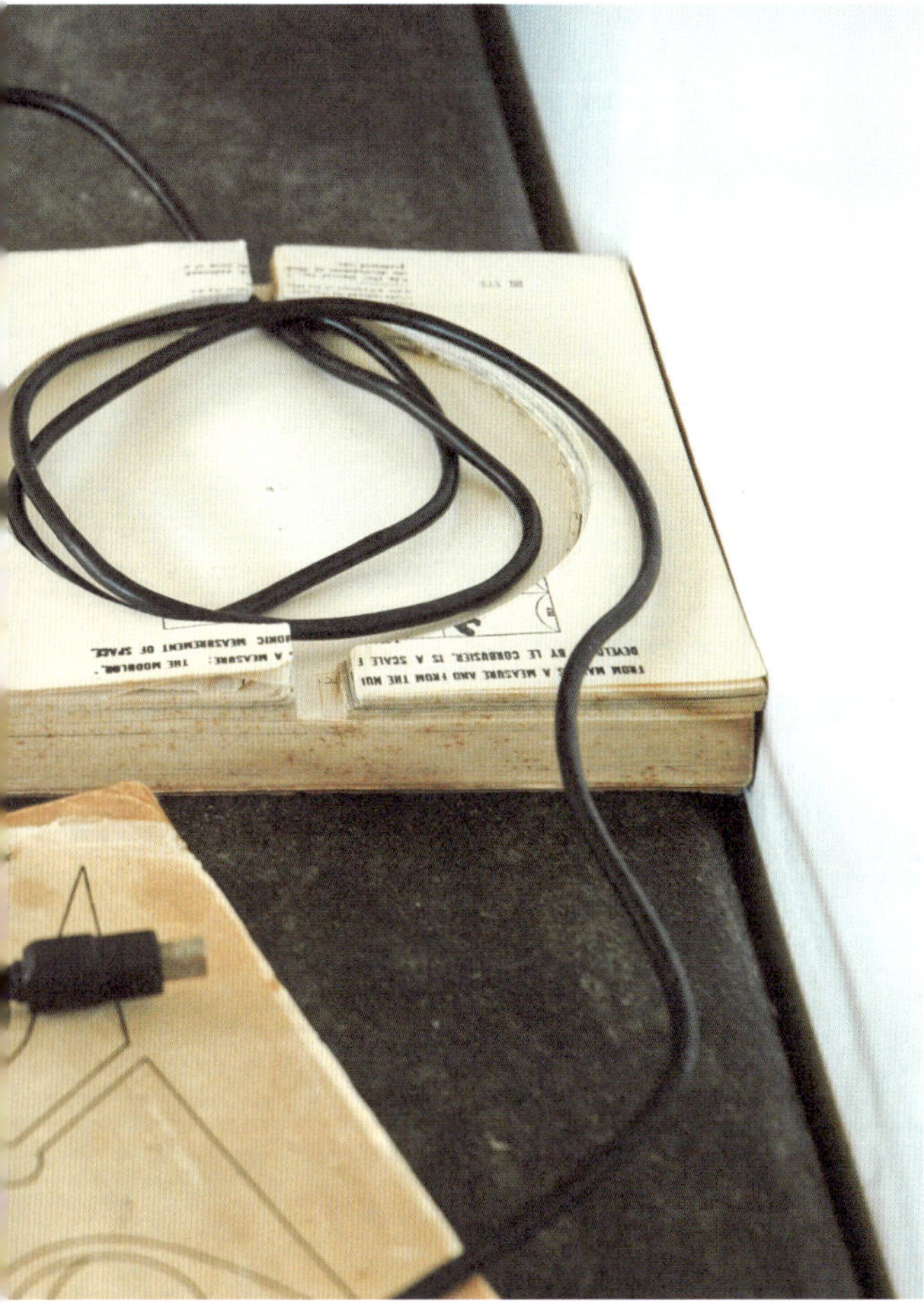

パソコンとデジタルカメラを繋ぐケーブルが長過ぎてジャマだったから古本をサークルカッターでくり抜いてケーブルを収めました。２冊重ねるとちょうどの重さで跳ね上がりません。

銅線とタコ糸は丸くして缶の中に詰めます。蓋に穴を開けて引き出し先にニットピンをくくりつけておけば家族もわかりやすい。缶をふたつ並べるのは、ひとつを持ち出したときに、戻す場所がわかるから。

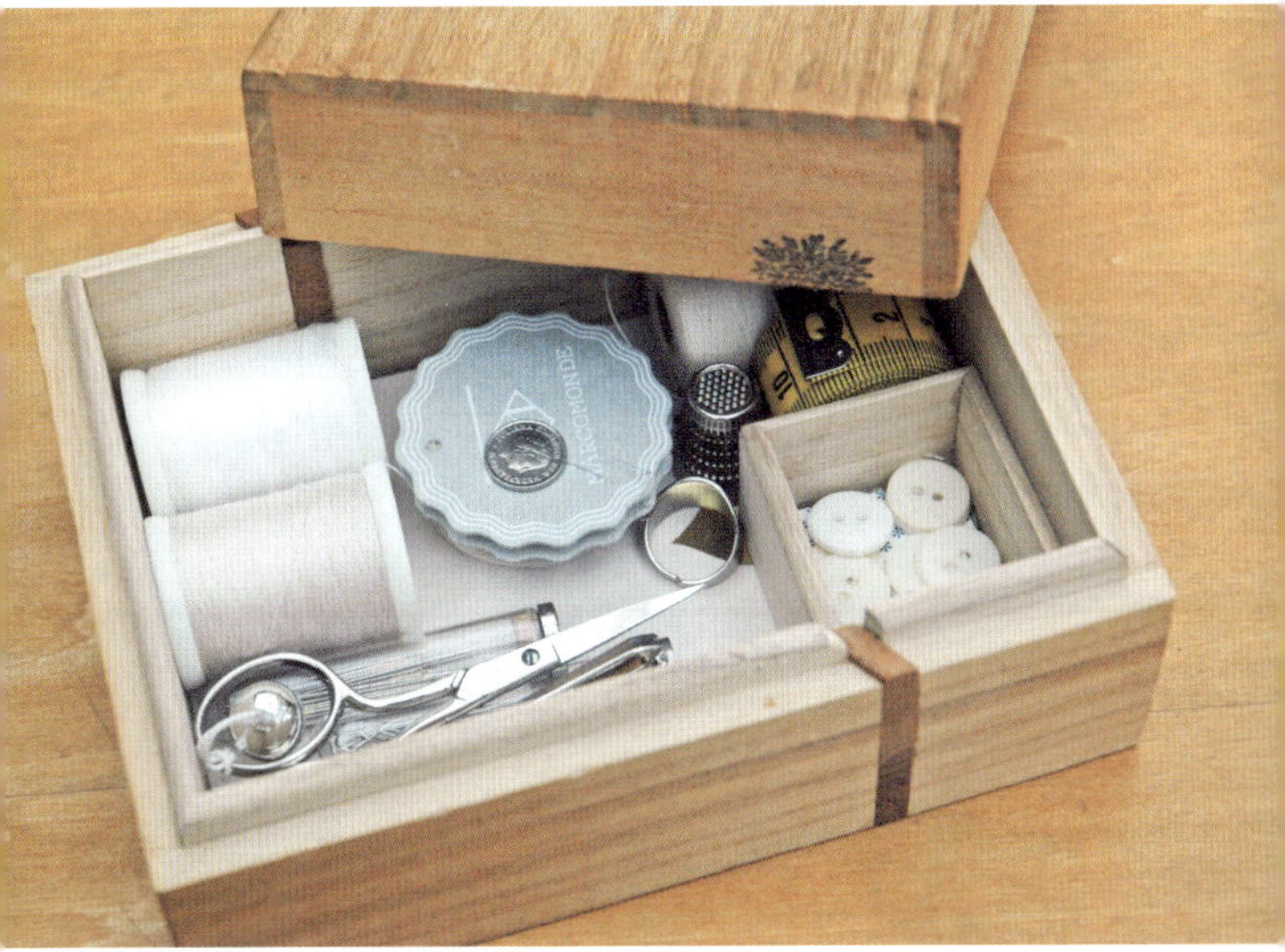

葉書サイズの手縫い用の針箱はカステラの桐箱を切り詰めた手作りです。桐は軽くて切るのも簡単。仕上げのヤスリかけも楽です。糸はイケア。針はチューリップ。ハサミはドイツのドボ。鈴の根付けつき。リッパーは近所のミシン屋さんで買いました。黄色のメジャーはベルギーのスーパーで。針山はソックスタグ２枚の間にマグネットを挟んだ手作り。スレダーは針山にくっつくように、ニッケルコインに作り替え。

ボックスティッシュとウェットタオルはあちこちで使うから、定位置を決めてもそこにないことが多い。色を白無地に決めると見つけやすいから定位置に戻しやすい。消耗品のコストパフォーマンスには品質、パッケージデザイン、買いやすさも考慮に入れます。ボックスティッシュは近所のセブン-イレブンで。ウェットタオルはアマゾンで購入。

サングラスは庭仕事でも買い物でもこれひとつ。出かけによく忘れます。料理のときに髪を束ねるヘアゴムはあちこちに置き忘れます。ふたつまとめて机の上の壁に吊るしました。サングラスのフックにボビン。ヘアゴムのフックは買ったけど使いにくかった洗面ボウル用のストレーナー。少しだけ上向きになるようにビスを打ちました。

工作台にある材料は家族だけではなく、みんなで使います。息子が大学の卒業制作で使ったチークの端材がたくさんあるので、暇を見つけては木ベラやスプーン、最近は食器やボウルにホコリよけの蓋を作っています。見えないとあることを忘れてしまう金属部品は壁に貼り付けています。

年をとるということはたくさんの経験を積み重ねてきたということです。小さな改良は自分でできるようになりました。自分で直せると、道具への不満を諦めなくなります。

夫と息子は、ものをそれぞれ自分で管理するので私は干渉しません。収納も片付けもそれぞれのやり方があります。大切にしたいものは家族でもわかりません。お互いの価値観を尊重して気遣えば、そこそこには片付いてくるものです。

アルバムは息子のために。ほかの写真は箱に入れて時々整理します。関わりを絶ちたい人の写真はさらりと破り捨てます。すぐに、顔も浮かばず名前も出てこなくなります。年をとったら自分の都合のよいように忘れて、ものも人付き合いもシンプルに。

息子が3歳のときに買い与えたドイツ・ドボの子どもバサミは1800円。当時日本の子どもバサミは安かろう、悪かろうでした。子どもはすぐになくすから、ということのようです。なくさないようにずっとここが定位置でした。おかげで30年以上も使い続けているのだから、いい買い物でした。時々ミシンオイルで拭くだけの手入れでいまだによく切れます。

みんなで使う工作台なので、雑然としたままのほうが気が楽です。使わないものに見切りをつけながら、作業しやすいように自然に手が動きます。

家電を分解したとき出る部品などで工作をします。なにかを作った後には片付けのついでにいくつかは捨てます。自分では手に負えないものがわかるようになって、随分減りました。

気になる商品は取りあえず、手帖に書きます。1ページで済むようになるだけ絵にします。買うか、買わないかは後でゆっくり考える。ほとんどのものが破り捨てることになります。

事務机より奥行のないパソコン机の抽き出しは４つ。縦横 36㎝、深さが６㎝。もともとはワイシャツトレイ。このトレイに合わせて机を作りました。ふたつは仕事の資料。ひとつは事務用品。残りひとつが家事用です。レシートには引っかからないように、軽い重石を乗せます。一月ごとに綴じてファイルに。電気、水道、ガス使用量のお知らせはそれぞれの袋に1年分。

パソコンのアダプターが資料に紛れ込んで床に落ちそうになったとき壁に取り付けたい、と思いました。目玉クリップを分解して、ペンチで両側を内側に立ち上げただけです。

我が家は重量鉄骨造りなので、柱は鉄骨です。暮らしの楽しみのひとつとして、家電を分解して取り出した磁石で小さなオブジェを作ります。

デッキ

サンルームに続く南側のデッキは16㎡です。洗濯物、ベッドパッド、ブランケット、バスマットを干します。洗濯バサミは、風で揺れても外れないようにしっかり留めたいバスタオルやバスマットにはステンレス製、跡をつけたくないソックスにはプラスチック製と2種類を使い分けます。

干す時間を短縮するために、バスマットはワッフル織りリネン100%が2枚。洗濯しても天気がよければ1時間で乾きます。バスタオルはワッフル織りコットン100%で縁の薄いものを選びました。家族数プラス1の4枚です。

ハンドタオルはコットン１００％表ループパイル裏ガーゼが２日分20枚。キッチンタオルは綿のドビー織り、台布巾はマイクロファイバークロス。いずれも乾きやすさを優先させて折り返しなしです。

干す時間が短いということは、日焼けによる変色と傷みを防げるということです。午後に洗濯しても太陽が斜めにあたる３時過ぎには中へ取り込んで部屋干しで乾きます。洗い替えが不要。つまり、洗い替えのための収納がいらないというメリットもあり、もちろん探すこともありません。

退色しやすい色もの、シルクのスカーフ、ハンカチ、下着はユーティリティーに干します。

庭でとれた梅と、茸や野菜は蓋つき干しかごに入れて干します。フックはカーテンフックから外して作りました。風が吹いても外れないように固く締めて

バスタオルとバスマットはストックを持たなくて済むように乾きやすさ優先で選びます。バスタオルはコットン100%、バスマットはリネン100%。どちらも折り返しの薄いワッフル織り。使うたびに洗っても、広げて干すと天気がよければ1時間で乾きます。

湿度が40％以下ならデッキで干し野菜を作ります。茸は10時に干せば、夕食に間に合います。残った分は冷凍保存。かさが減っているので場所をとりません。

乾いた束子を使いたいからデッキの軒下が定位置。雨でも濡れません。

あります。ステンレスで錆びません。小さいフックなのでつけたままでも目立ちません。このフックを取り付けたおかげで、干したいものがさっと干せるようになりました。

台所で使ったパーム椰子の亀の子束子と風呂場で使ったサイザル麻の亀の子束子もステンレスのフックに吊るして干します。

週2回の生ゴミ収集の後は中の臭いが消えるまでゴミ箱を2時間日光消毒します。底には庭で摘んで1週間乾燥させたローズマリーとタイムとローリエを敷き詰めてあり、蓋を斜めに立てかければ底までしっかり日光が入ります。生ゴミの臭いからハーブの香りに戻ったら台所に運び入れます。

この方法のおかげで消臭剤を使わずに済みます。消耗品は、ストックの収納場所も必要になるので、不要な消耗品を使わずに済む方法も取り入れたいです。

庭には震災など非常時の調理用に
バーベキューコンロを備えました。

モノトーンの台所の中で唯一黄色を選んだゴミ箱。汚れが目立つから、週２回のゴミ出しの後はマイクロファイバークロスで拭きます。蓋が離れないので斜めに傾けて底まで日光消毒できるのが購入の決め手でした。底に敷き詰めたハーブは年に一度庭のローリエを剪定するときに交換します。

寝室

我が家は、最初の家で終の住処にするつもりの家です。寝室は安眠のためのプライベートな居室。寝室という概念から離れ、コツコツ30年かけて集めた、好きなものに囲まれた部屋になりました。16㎡のワンダーランドです。

壁には夫が仕事の合間に何年もかけて作ったHOゲージの線路のレイアウト板とドイツ製レーマンの線路がぐるりと回り、電車が走ります。レールは60年前に小学生だった夫へ祖母がプレゼントしたもの。

そこに夫が中学生のころから作ってきた鶴見線や東横線の電車と、結婚して家族で行った海外旅行で乗った電車が走ります。家族みんなが電車好き。息子の中学の夏休みに、家族でカナダのバンクーバーからトロントまでとフランス周遊、高校生のときはオーストラリアとスイスの電車旅をしました。

キングサイズのベッドは夫の手作りです。ヘッドボードなしのキャスター つき。夏は涼しい部屋の中心に、冬は部屋を広く使えるように壁際に寄せます。寝具は寝台列車のイメージで私が考え、蕎麦殻の枕は手作り。寝間着をかけるためのバーは電車の手摺りです。

私は10年前に、友人と訪れたフランス・ジベルニーの駅が大好きで、ホームにあったチークのベンチとよく似たベンチを寝室に置きました。ジベルニーはモネが晩年を過ごした場所です。このベンチには、外出するときには着替えた部屋着を置き、30分で起きられるように昼寝も(ベッドでは寝過ぎるから)し

夫の手作りのベッドは幅180㎝、長さ200㎝のキングサイズ。キャスターつきで下を掃除するときは左右に動かします。壁に取り付けたHOゲージのレイアウト板も夫の手作り。４枚合わせで200㎝×300㎝の広さになり、電車好きが集まるときには居間に運びます。カーテンと読書灯は私の手作りです。ベッドカバーをかけるのがおっくうになって、ベッドスローに変えたら、半分以下のサイズでたたむのが楽。

ます。

手作りのキャスターつきのサイドテーブルには夏は日陰を好む多肉植物のハオルシアの鉢植え。色の変化で乾燥がわかりやすく、保水力が大きいので水受け皿を使わずに済む室内園芸用土セラミスグラニューで育てています。

読書用のベッドライトも電気が得意な私が、スタンドライトを分解してクリップ留めに作り替えました。

カーテンはキッチンツールバーに、1m99円だったリネンのカフェカーテンを1ロール（30m）買ってきて2mに切り、ほつれ止めのステッチをかけ、2個のカーテンクリップで留めました。裁縫が苦手な私でも8枚が1時間で出来上がりました。洗濯して脱水した後、そのままツールバーにかけます。布の重みで洗い皺が取れ、アイロンがけが不要。材料はすべてイケア港北で調達しました。

ベンチは、夏は読書や昼寝用でもあり、着替えやブランケット置き場。直射日光を嫌う多肉植物もよく育ちます。家の中で育てる鉢植えにはセラミスグラニューを使っています。色の変化で水やりのタイミングがわかりやすい。

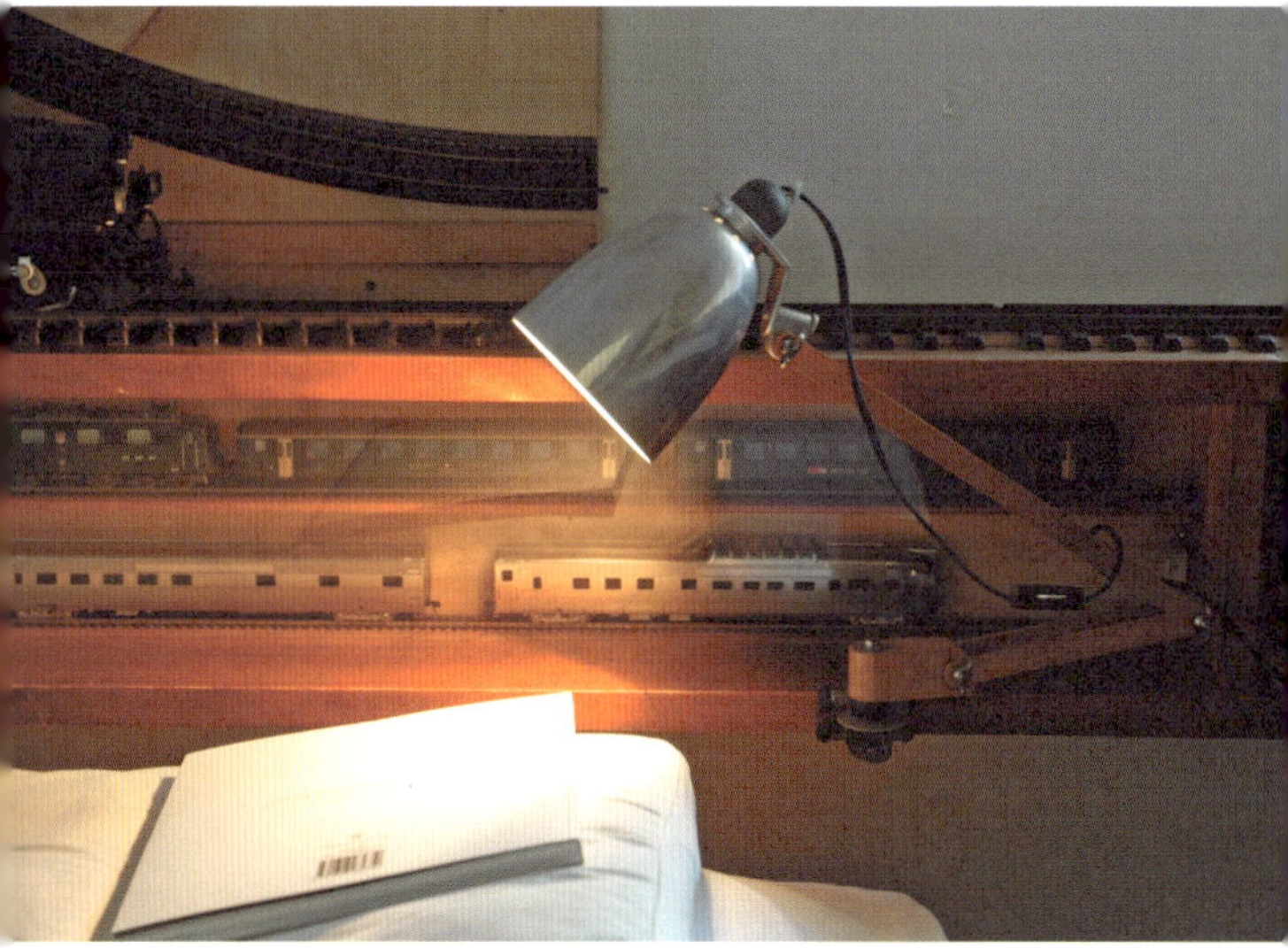

スタンドライトを分解して作ったベッドライト（読書灯）。

カーテンはイケアで1m99円だったリネン100%のカフェカーテン。幅45㎝が我が家の窓にぴったりでした。二つ折りにしてかけました。洗濯が楽です。脱水が終わったら、すぐにかけます。リネンは乾きやすい。洗い皺も、乾く間に取れます。穴が開いても繕いながらずっと使っていきたい。カーテンレールもイケアのキッチンツールバー。

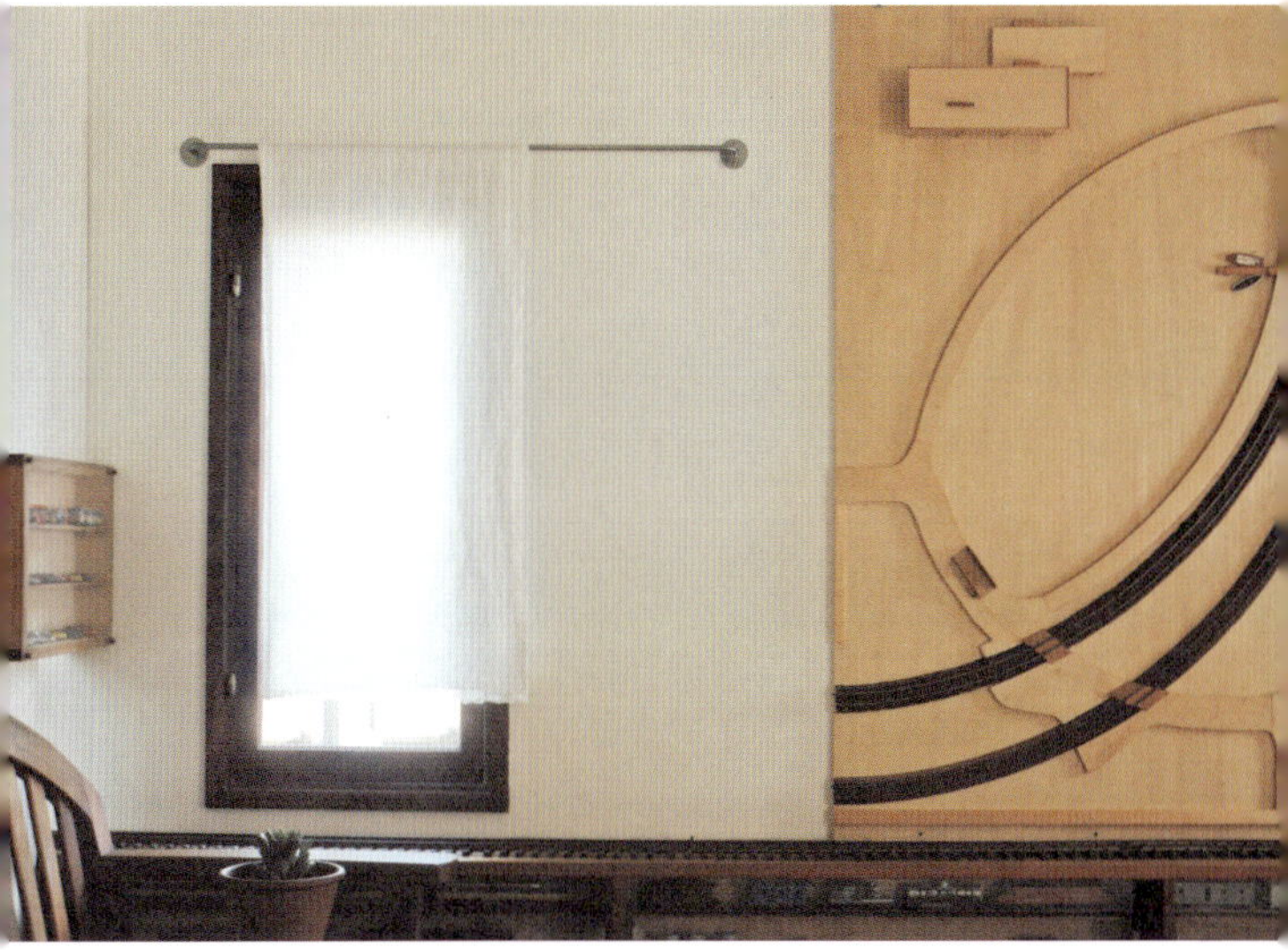

洗面所とシャワールーム

今なら違う設計をしたと思います。洗面所をもう少し広くしてシャワールームはもっと小さくてもよかったかもしれません。でも、ほかはこのまま。湿気が気になるので、すべて乾きやすさ優先です。

バスマットをかけるバーは、直径2・5㎝、長さ68㎝。バスマットはリネン100%のワッフル織りを四つ折りにして2枚かけます。日本では好みの色が探せなかったのでパリのセレクトショップ「merci（メルシー）」のウェブショップで購入しました。

バスタオルはコットン100%のワッフル織りを4枚。縁の折り返しと縫製

バスマットは乾きやすさ優先でリネン100%を2枚。四つ折りでかけて使ったら、ぞんざいに引っかけておきます。使用前、使用後がわかるように。3人家族で2枚あれば、洗い替えをどこかにストックする必要がありません。

が工夫されていて、乾きやすく改良された無印良品。

フェイスタオルは使わないのでハンドタオルが20枚。ハンドタオルはたくさんあるので、パソコンの画像検索で気に入ったものを気長に探しました。折り返しのないコットン100％で表がカットパイル、裏がガーゼのハンドタオルを見つけました。ちょうどいい厚みで吸水性もよく、折り返しがないのでたたみやすい。大勢の来客時には20枚でも足りないので、普段ティッシュペーパーをセットしているホルダーにペーパータオルをセットします。

バスタオルとハンドタオルを重ねて置くタオルラックの上段には歯ブラシと櫛のストックを入れた缶と、その横は夫の電動カミソリです。

タオルラックの下はゴミ入れとランドリーボックス。ゴミ入れはポリ袋を6枚重ねてクリップで留め、ゴミを入れたら外します。洗面所のゴミ箱はいつも空にしておくと気持ちいい。

ドレスデン・シュトーレンの空き缶は歯ブラシと櫛のストック入れにぴったりでした。乾きやすさと軽さでバスタオルは縁の折り返しが薄くなった無印良品。ハンドタオルは四つ折りにたたみやすい正方形で表はカットパイル裏はガーゼ。どちらもコットン100%。

洗面ボウルの前の壁に端から端まで9㎝幅の棚板を渡しました。洗面用の重曹とグリセリンを入れた容器と息子のヘアクリーム等を並べます。私は化粧水も乳液も口紅も持っていないのでスッキリしています。来客時には必ず庭の花を飾ります。

シャワールームにはシャンプーなどをひとまとめにして置くためのスタンドを作りました。掃除のためのスポンジは、風呂場掃除用ではなく、銀イオン抗菌仕様のキッチンスポンジです。掃除用のブラシもキッチン用品売場から探しました。風呂場用に比べると小さいので掃除に時間がかかるのですが、持ちやすさと見た目のよさを重視。

体を洗うのは手触りのよさで手拭いです。使った後は外に干すのですが、うっかり忘れても、手拭いなら乾きます。穴が空いたら、2㎝幅に裂いて繋げて、資源ゴミをたばねる荷造り用の紐をつくります。

来客の予定のある日の朝は庭の花を切って、テーブルと洗面所に活けます。
起きてきた家族に知らせるために。なにも言わなくても、家族は出かける前に机を少しだけ整えることができます。それが家族としての思いやり。

おわりに

数十年ぶりに我が家を訪れた夫の高校時代の友人が、「こんなに片付いているのは暇なんだね」とつぶやきました。早期退職で無職と専業主婦の彼らの生活が、仕事を持つ私達夫婦より忙しいとは思えなかったのですが、彼は、私が毎日片付けと戦っていると感じたようでした。片付いているのは、戦う時間、つまり暇があるからで、自分にはそんな暇などない、ということのようでした。

片付けは毎日です。新聞や本はすぐに溜るし、買い物をすればゴミが出ます。いただきものもあります。壊れるもの、交換するものもあります。60代になって「片付いていない家で日々の片付けと探しものをしながら暮らす」のは大変なのだろうな、と思いました。

彼は過去に何度も片付けの戦いに挑み、敗れたのでしょう。そして戦うことを諦めたのです。片付けをする暇がないだけなのだ、と自分に言い訳をしているのです。片付かない家は自分そのものです。それを直視しながら日々を過ごしている彼にかける言葉は見つかりませんでした。

私にとって片付けと収納は戦いではありません。では、なんだろうと考えてみました。置き換えられるとしたら水泳。私は子どものころから水泳が大好きで、小学生で3㎞泳ぐのもへっちゃらでした。水泳で疲れるということを知りません。

原稿は毎日書きます。区切りがつくと、無性に泳ぎたくなります。抽き出し

手作りはいつも身の回りのものを使います。状差しは20年前にオーストラリアの空港で買ったワイルドフラワー図鑑。12月にはクリスマスカードを挿してツリーのように仕立てます。

打ち合わせに使っていた革のバインダーノートが重くなってメモ帳に替えました。なにに使えるかと考えて思いついたのがエンディングノート。息子といっしょに使ってきた月光荘の8Bの鉛筆とクレヨンと絵具を使いたいと思っています。

ひとつの片付けは１㎞の水泳。連載の校正が終わるとフックを手作りして壁に打ちつけて３㎞の水泳。エッセイ集を書き終えての模様替えは10㎞の遠泳でスイミング・ハイ。そんな感じです。水泳を通して得た爽快感と達成感の記憶が、自然に体を動かすのかもしれません。

60代を楽に暮らしています。しなければならないことはサボらないけれど簡単に済ませ、人との付き合いもほどほどに距離を置いて無理をしない。いつか介護士の世話になることがあったら、その人に気持ちよく働いてもらえるような住居にしておきたい。

そして、これからはゆっくりゆっくり終い支度。

ご近所さんから分けていただいた多肉植物のデザートローズ（砂のバラ）。吊り下げタイプの素焼きの鉢はスペイン製。10年以上前にコンラン・ショップで購入。

著者紹介
石黒智子（いしぐろ　ともこ）
キッチン道具や器、生活雑貨など、デザイン・機能ともに優れた商品を見つけ出す名人として、数多くの雑誌などで提案している。台所用品の商品開発、商品評価の仕事でも活躍中。
主な著書に、『わたしの日用品』（アスペクト）、『小さな暮らし』（ソフトバンククリエイティブ）、『捨てない知恵』（朝日新聞出版）、『少ないもので贅沢に暮らす』『わたしの台所のつくり方』（以上、PHP文庫）など多数。

※本書で紹介された商品の中には、販売元の都合などで、入手困難なものもあります。また商品の価格も変更されることがあります。

本書は、書き下ろし作品です。

○ 本表紙図柄＝ロゼッタ・ストーン（大英博物館蔵）
○ 本表紙デザイン＋紋章＝上田晃郷

ＰＨＰ文庫　探さない収納

2016年12月14日　第１版第１刷

著　者　石黒智子
発行者　岡修平
発行所　株式会社ＰＨＰ研究所
東京本部　〒135-8137　江東区豊洲5-6-52
文庫出版部　☎03-3520-9617（編集）
普及一部　☎03-3520-9630（販売）
京都本部　〒601-8411　京都市南区西九条北ノ内町11

PHP INTERFACE　http://www.php.co.jp/

組　版　朝日メディアインターナショナル株式会社
印刷所
製本所　図書印刷株式会社

© Tomoko Ishiguro 2016 Printed in Japan
ISBN978-4-569-76654-6
※本書の無断複製（コピー・スキャン・デジタル化等）は著作権法で認められた場合を除き、禁じられています。また、本書を代行業者等に依頼してスキャンやデジタル化することは、いかなる場合でも認められておりません。
※落丁・乱丁本の場合は弊社制作管理部（☎03-3520-9626）へご連絡下さい。送料弊社負担にてお取り替えいたします。

PHP文庫好評既刊

少ないもので贅沢に暮らす

石黒智子 著

本当に気に入った、最小限のモノで生活している石黒さん。そのセンスの秘訣と最後までモノを使い切るためのちょっとした工夫を大公開！

定価 本体七四〇円（税別）